国家出版基金项目
“十三五”国家重点出版物出版规划项目
安徽省文化强省建设专项资金项目

含泪的圆舞曲

Вальс со слезой

［苏联］帕斯捷尔纳克◎著
力　冈　吴　笛◎译

安徽师范大学出版社
·芜湖·

图书在版编目(CIP)数据

含泪的圆舞曲 /（苏）帕斯捷尔纳克著；力冈，吴笛译．— 芜湖：安徽师范大学出版社，2018.1

（力冈译文全集；12）

ISBN 978-7-5676-3272-1

Ⅰ.①含… Ⅱ.①帕… ②力… ③吴… Ⅲ.①诗集 - 苏联 Ⅳ.①I512.25

中国版本图书馆 CIP 数据核字(2017)第258887号

含泪的圆舞曲 [苏联]帕斯捷尔纳克◎著 力 冈 吴 笛◎译

HANLEI DE YUANWUQU

责任编辑：祝凤霞 郭行洲

装帧设计：刘 畅 桑国磊

出版发行：安徽师范大学出版社

芜湖市九华南路189号安徽师范大学花津校区

网 址：http://www.ahnupress.com/

发 行 部：0553-3883578 5910327 5910310(传真)

印 刷：浙江新华数码印务有限公司

版 次：2018年1月第1版

印 次：2018年1月第1次印刷

规 格：880 mm×1230 mm 1/32

印 张：8.75

字 数：209千字

书 号：ISBN 978-7-5676-3272-1

定 价：56.00元

力冈先生文学翻译的历史意义

——序《力冈译文全集》

刘文飞
中国俄罗斯文学研究会会长

在力冈先生诞辰91周年的今天,在力冈先生去世20年后的当下,在洋洋19卷23册的《力冈译文全集》面世的此刻,我们终于可以试着归纳一下他的文学翻译所具有的历史意义了。

一

力冈先生的文学翻译苦行僧形象是具有典型意义和感召力量的,这是中国老一辈俄苏文学翻译家留下的一个苍凉背影,也是他们为自己建起的一座“非人工的纪念碑”。翻译是一项苦差事,是需要坐冷板凳的,是一项付出和回报往往不成正比的工作,是一种注定要与孤独和寂寞为伴的工作。文学翻译至少需要出色地掌握两种语言,而好的外语或许能让人找到另外一种更为轻松、更有利可图的工作,好的翻译家若用其母语来进行创作,大约自己也能写出像样的文学作品来。可是,文学翻译似乎像电子游戏、像吸食鸦片一样是一种能让人上瘾的事情,一旦上手,一旦品味到其中的甘苦,往往便欲罢不能。始自玄奘的翻译姿态和翻译精神，似乎成了中国一代又一代译者的宿命，即专注和吃苦，苦修和执着。

力冈先生1926年生于山东乡间，自幼失去母亲，生活贫苦，到他上中学时，家乡被日寇占领，他流亡河南、甘肃、陕西等地。1950年，他考入哈尔滨外国语专门学校俄语专业，毕业后志愿来到安徽师范大学任教，不久就开始了文学翻译工作，陆续在报刊上发表一些短篇译作，至1956年，他的单行本译作《里雅希柯小说集》已由上海新文艺出版社推出。然而次年，他便在反右运动中蒙冤，被开除公职，押往新生耐火材料厂劳教。1960年7月，他因“劳动表现突出”被摘掉右派帽子，重返学校，他在教学之余立即重拾译笔，在短短数月间便译出苏联作家艾特马托夫的中篇小说《查密莉雅》，这篇译作在《世界文学》杂志1961年第10期刊出，引起轰动，“力冈”这一译家大名从此进入人们的视野。就在力冈先生准备大展宏图、施展拳脚的时候，“文化大革命”却突如其来，1968年，他再度被逐出校园，下放至宣城地区新田公社劳动改造，直到“文革”结束后的1978年方得以重返讲台，此时他已过天命之年，用他自己的话说就是：“噩梦醒来，已是人生的黄昏。”文学翻译需要天赋，但也是一种力气活，在对于一位翻译家而言的黄金时期，即30—50岁，力冈先生却两度蒙冤，两度再拾译笔，重新开始，这需要何等的勇气和坚韧！他两落三起的翻译经历，几乎就是20世纪五六十年代中国的俄苏文学翻译家们跌宕起伏的人生经历的缩影，就是那一时代中国知识分子命运的象征。令人惊讶的是，重返译坛的力冈先生以超乎常人的工作激情和翻译速度，在1978年后的20年间陆续出版20余部译著，平均每年一部，总字数达700余万。在20世纪80年代，最初几部译著的出版使力冈先生挣到了以当时标准看相当不菲的稿酬，甚至成为所谓“万元户”，但他似乎无暇也无意去享受自己的劳动成果，依然粗茶淡饭，素衣裹身，与此同时却以更大的热情继续译事，终日伏案，不懈地爬格子。1997年2月，力冈先生因肝癌病在芜湖弋矶山医院逝世，据家人说，他在生命的最后时刻仍在念叨着未译完的最后一部译作《罪与罚》。我们或许可以说，他是被文学翻译累死的；我们肯定可以说，文学翻译是他最为看重的毕生事业。

力冈先生少年时四处漂泊，中年时命运多舛，老年时病魔缠身，他的一生似乎都不是给最需要安宁和平静的翻译家所准备的；力冈先生的职业是教师，他偏居小城，又不善交际，这些似乎都不构成他迅速成长为一位全国著名翻译家的前提条件。但是，正如吴笛教授在他纪念力冈先生的文章中所言：“他的一生就是用出人意料的成就表现了悲怆的境界。面对种种意想不到的遭遇和不公，他并没有沉沦，也没有片面地记恨，而是在艰难的岁月中怀着对人性的憧憬，将厄运升华为创作的动力，在逆境中不忘呼唤人性和仁爱，将种种遭遇视为生命中的财富，在悲怆的境界中抒写诗意人生，毫不气馁地追求生命的意义，在自己所献身的俄罗斯文学翻译事业中，做出了杰出的贡献。”

普希金说过：“译者是文明的驿马。”笔者曾对此说法加以引申：“如果说广义的译者是文明的驿马，那么专事文学翻译的人士便是‘文学的驿马’了。凑巧的是，在汉语中，译者的‘译’和驿马的‘驿’不仅同音，而且在词源、词形和词义上也很相近，区别似乎仅在于后者为‘马儿’而前者是‘文人’（言者）。……用在驿站间往复奔波的马儿来形容译者，每个有过译事经验的人大约都能在这个比喻中品味出某种艰苦和辛酸，甚至是束缚和无奈。……既要有出众的能力还要有忍辱负重的秉性，日复一日的奔波只能换得微薄的粮草，还得时刻提防路途中遍布的坑洼和沼泽，能善此业者非驿马莫属也。”力冈先生就是这样一匹忍辱负重、砥砺前行的“文学的驿马”。力冈先生以他的作为告诉我们，文学翻译是一项可以托付终生的事业，是一种富有意义的存在方式；力冈先生及其文学翻译活动是一种燃烧生命的举动，一个与命运抗争的典范，同时是他的翻译意志奏出的一曲凯歌。

二

力冈先生是在中国改革开放的热潮中展开他最积极的翻译活动的，他的大部分译作出版于20世纪80年代。浏览一下力冈先生的译作书目，可以发现出版于80年代的译著有十余部之多，计有格鲁兹杰夫的《高尔基传》（与济凯合译，江西人民出版社1980年版）、冈察尔的《爱的归宿》（安徽人民出版社1983年版）、巴巴耶夫斯基的《野茫茫》（浙江文艺出版社1983年版）、艾特马托夫的《白轮船》（外国文学出版社1984年版）、阿列克谢耶夫的《儿时伙伴》（山东文艺出版社1984年版）、波利亚科夫的《别林斯基传》（黑龙江人民出版社1985年版）、普希金的《暴风雪》（春风文艺出版社1985年版）、肖洛霍夫的《静静的顿河》（漓江出版社1986年版）、帕斯捷尔纳克的《日瓦戈医生》（与冀刚合译，漓江出版社1986年版）、帕斯捷尔纳克的《含泪的圆舞曲——帕斯捷尔纳克诗选》(与吴笛合译,浙江文艺出版社1988年版)、卡里姆的《悠悠儿时情》(安徽文艺出版社1989年版)和格罗斯曼的《风雨人生》(漓江出版社1991年版)等。从这个目录还可以看出,力冈这一时期的译作总体上以苏联当代文学作品为主要翻译对象。

20世纪80年代是中国当代史上的一个特殊时期,那是一个文化转型期,甚至可以说是中国现当代的一场文艺复兴,是一个文化觉醒的黄金时期。在那场汹涌壮阔的思想解放运动中,在整个改革开放后中国当代文化的建构过程中,对外国文学和外国文化的翻译和介绍起到了无可替代的重要作用,中国当今的现代化,从某种意义上说就是一种"被翻译过来的现代化"。那是一个文学的时代,也是一个翻译文学的时代;那是一个开放的时代,更是一个对外国优秀文学和文化开放的时代,在精神上饥寒交迫的国人首度面对外国文学的盛宴,饕餮之余,最应该感谢的就是那一时代的翻译家。在中国改革开放后出现的外国文学翻译热潮中,俄苏文学也是重要的译介对象之一,力冈先生的译著也和其他众多翻译作品一样,是对改革事业的添砖加瓦,是为思想解放运动注入的燃料,对当时中国社会的文化重建、国民文化性格的重塑起到了重要作用。

中国的俄国文学翻译始自19世纪末,在五四时期出现第一个高潮,如今人们在探讨五四运动的起因时,常将俄国的文学与德国的马克思主义和法国的启蒙思想并列为三大思想资源,由此不难看出俄国文学在当时中国社会所发挥的强大思想作用。后来,在抗日战争时期,在新中国成立之后的50—60年代,俄苏文学再度发挥“军火”和“样板”功能，而在改革开放时期，包括俄苏文学在内的外国文学，又一次成为国人解放思想、放眼世界的意识形态工具和思想武器。如果说，鲁迅那一代翻译家是“给起义的奴隶偷运军火”的人，那么，改革开放时期的这一代中国翻译家同样是为国人“盗火”的普罗米修斯，功莫大焉，没有包括力冈先生在内的这一代翻译家的辛勤工作，国人的思想解放就是难以想象的。如果我们把出生在19、20世纪之交的翻译家如鲁迅、瞿秋白、蒋光慈、茅盾、巴金、耿济之等视为中国第一代俄国文学翻译家，那么20世纪第一个十年前后出生的姜椿芳、曹靖华、戈宝权、查良铮、汝龙、满涛、叶水夫等就是第二代，而力冈以及去年去世的草婴和刚刚去世的高莽等人则构成中国的俄国文学翻译家的第三代方阵，这一代翻译家同样以自己的辛勤努力为中国的思想启蒙和文化构建做出了历史性的贡献。

中国第三代俄国文学翻译家的工作也对当代中国文学的发展进程产生了深远影响。在20世纪80年代初起，俄苏文学在中国的译介出现一个“井喷”现象，十余年间，全国近百家出版社先后出版的俄苏文学作品多达近万种，在译作的种类和印数上，可能要高出此前所有同类出版物的总和。在这样一种铺天盖地的外国文学译介热潮中，受益的不仅仅是中国的读者，自然也包括中国的作家。王蒙在他的《青春祭》（作家出版社2006年版）一书中写道：“我们这一代中国作家中的许多人，特别是我自己，从不讳言苏联文学的影响。是爱伦堡的《谈谈作家的工作》在50年代初期诱引我走上写作之途。是安东诺夫的《第一个职务》与纳吉宾的《冬天的橡树》照耀着我的短篇小说创作。是法捷耶夫的《青年近卫军》帮助我去挖掘新生活带来的新的精神世界之美。在张洁、蒋子龙、李国文、从维熙、茹志鹃、张贤亮、杜鹏程、王汶石直到铁凝和张承志的作品中，都不难看到苏联文学的影响。张贤亮的《肖尔布拉克》、张承志的《黑骏马》以及蒋子龙的某些小说都曾被人具体地指认出苏联的某部对应的文学作品；这里，与其说是作者一定受到了某部作品的直接启发，不如说是整个苏联文学的思路与情调、氛围的强大影响力在我们的身上屡屡开花结果。”这里提到的张承志，就对力冈先生的译作赞不绝口，曾感慨：“我恨不得倒背如流！”由此不难窥见力冈先生的译作对改革开放时期中国作家产生的影响。

三

1984年，漓江出版社推出力冈先生重译的《静静的顿河》，这是新时期名著重译的第一部，而自90年代起，力冈先生更将名著重译当成首要任务，相继重译了多部俄国文学经典，如托尔斯泰的《复活》（译林出版社1992年版）和《安娜·卡列尼娜》（浙江文艺出版社1992年版）、屠格涅夫的《猎人笔记》（河北教育出版社1994年版）、莱蒙托夫的《当代英雄》（河北教育出版社1994年版）等，他作为翻译家的最后一项工作，就是重译陀思妥耶夫斯基的《罪与罚》。力冈先生是俄国文学经典著作重译的倡导者和先行者之一，他几乎将他翻译艺术炉火纯青的最后十年都用在了名著重译上。

文学名著重译始终是译界的一个有趣话题。中外文学史上的名作原著，无论出现在什么时代，一代又一代读者捧读的均为同一个文本，而文学名著的译本，即便是著名的译本，却常常会随着时间的推移而“衰老”，会被所谓“新译”所取代。日本著名斯拉夫学者、契诃夫的日译者沼野充义有一次曾对笔者说，被译成日语的契诃夫作品每20—25年便要新译一次，以适应新一代的读者。他的话让笔者大吃一惊，可转而一想，外国文学作品的汉译其实也有着大致相同的命运，尽管其存活期未必一定就是20—25年。汉语文学中的原创名著，如唐诗宋词元曲，如《三国演义》《水浒》《西游记》《红楼梦》，自然在任何时代都不需要也不允许做任何文字加工，可汉语文学中的翻译名著，即便是近现代翻译大家们的著名译作，如严复译的《天演论》、林纾和魏易译的《黑奴吁天录》、鲁迅译的《死魂灵》等，如今也会让人觉得不无“过时”之感，至少会让当下的读者阅读不畅。也就是说，文学名著是永恒的，不朽的，它们的译作却是相对短命的。笔者曾在一篇文章中对名著重译现象作过一番思考：首先，从读者方面看，读者为什么会在面对原作和译著时持有不同的阅读态度呢？他们对于原作和译作这种不同的阅读取舍究竟源自何种阅读心理呢？这种厚此薄彼的取向究竟是先天的还是后天的，是产生在翻译活动出现之后还是之前，这种倾向与文学名著重译这两者之间究竟存在着什么样的互动关系呢？其次，从译者的角度看，在进行重译和新译时究竟该如何面对已有的译作，尤其是已有的优秀译作，是刻意回避，还是尽量汲取原有译作的经验和精髓呢？如果对原有译作尤其是名译作的经验和精髓有所汲取，又该如何避免抄袭的嫌疑和版权的纠纷呢？如果对前辈翻译家宝贵的翻译经验视而不见，每位新译者均另起炉灶，真的能做到青出于蓝吗？如果新译在翻译质量上无法与旧译比肩，甚至不如旧译，那么重译的意义和价值又何在呢？最后，从翻译实践活动自身来看，用16、17世纪的汉语去翻译莎士比亚当然是可笑的，但是，用21世纪的汉语网络语言去翻译莎士比亚就一定具有历史的必然性和合理性吗？不断地重译、新译，会在多大程度上减少或抹去原作的时代感和历史感，把每一部新译作都作为当下的作品来读，是不是一种最大程度的误读呢？

力冈先生在进行文学名著的重译时，不知是否也曾遭遇此类问题，但他在晚年义无反顾地执着于重译，一定是一种有意识的抉择。我们猜度，他在他翻译事业的黄金时段做出这一重大转向，可能有如下几种原因：首先，他觉得在他之前的译本还有继续加工的余地，还有再度提升的空间。力冈先生重译的这几部俄国文学名著在他之前早已有过出自名家的名译，它们是不止一代中国读者捧读的对象，但力冈先生却不畏权威，另辟蹊径，公开与多位前辈翻译大家打擂台，这或许是力冈先生个人性格的一种显现，但他敢于“叫板”，无疑因为他自信他可以比之前的译著译得更好，或至少能译出他自己与众不同的特色。其次，在译出十多本书后，作为一名富有经验的翻译家，力冈先生大约也会产生出如何超越自己的问题，重译名著，既可以与前辈译家一较高低，同时也能时刻与俄国文学史上的名著及其作者进行跨越时空的深度交流，这无疑是一种更富有挑战也更富有趣味的工作。最后，名著之所以成为名著，就因为它们往往具有更为完满的艺术价值和更为恒久的艺术生命，翻译这样的作品，无疑更能呼应社会的阅读需求，赢得更大的社会意义。

力冈先生晚年重译的多部名著如今仍在一次又一次地再版，这说明力冈重译的俄国文学经典具有长久的生命力，也说明他当年重译名著的抉择是正确的。一位翻译家，只要他的译作还能出版，还能被人阅读，这位翻译家就还活着，好的译作就是译者的生命之延续。从更为广泛的意义上说，力冈先生是我国改革开放之后名著重译之风的倡导者之一，而名著重译，对于深化我们对外国文学经典的理解和认识、对于发展我们的翻译实践和理论而言，都是极具历史意义的。

四

力冈先生是一位翻译家，也是一位大学老师，教书育人是他的本业。作为恢复高考后步入安徽师大外语系俄语专业的20名学生之一，笔者有幸受教于王老师（力冈本名王桂荣，我们当时都称他“王老师”）。记得先生1978年从插队的宣城乡村回到安徽师大后，不久就开始给我们授课，他教的是“文学选读课”。先生是一个颇为“另类”的老师：他上课不用现成的教材，没有固定的教案，就以他当时正在进行的翻译工作为授课内容；他在教室里不来回走动，几乎不做板书，仅端坐讲台，摊开那本他正在翻译的原著，一旁摆着一摞他最新出炉的译稿，按部就班、一句一句对照着讲下去。对文学没有兴趣、对文学翻译没有兴趣的学生，听这样的课或许会感到无味，当时王老师课的课堂气氛也的确有些沉闷单调，但王老师并不在意，只管自顾自地讲下去，他会讲他为什么要这样译，讲到兴奋处，他会突然提高嗓门，用带有山东腔的口音高声朗读他最得意的译文段落，读完后，他会抬起眼睛，久久地盯着天花板，似在掩饰眼里涌出的泪水。记得是在讲解《当代英雄》时，他时时指出其他译者，甚至是非常著名的翻译家的错误，并向我们分析这些错误之所以出现的可能的原因，他也时常让我们在他的译文中“挑错”或为他的译文“润色”，如果我们偶有所得，他往往显得比我们还要高兴。与王老师的文学选读课构成呼应的，是我们在大三时学的翻译课，翻译课教师张本桂先生常常给我们一些原文片段，让我们动手翻译，并在下一次翻译课上让译文出色的同学朗诵其译文，并对他认为好的译文再逐字推敲。正是在力冈先生以及张本桂先生和其他老师的精心培养下，安徽师大俄语专业涌现出一大批俄罗斯语言文学专业的人才，其中多位如今已成为国内知名的翻译家，有译著面世的人更多达十余位，如吴笛、张杰、周启超、吴嘉佑、冯华英、朱少华、陈建硕和刘文飞等。名不见经传的安徽师大俄语专业，在短短二三十年间居然成为中国的俄语文学翻译家的摇篮，王老师在天之灵也会因此而深感欣慰！

我们这个俄国文学译者群体的崛起，在很大程度上要归功于力冈先生及其同事们的言传身教。首先，他在课堂上逐字逐句的中俄文对照讲解，他关于译者甘苦的诉说，对于有志于文学翻译的学生而言弥足珍贵，这其实就是一个文学翻译的工作坊和实验室，让我们当年在初步掌握俄语后不久便接触到了俄语翻译的真谛，亲眼目睹了一位翻译家的工作过程和工作方式。其次，他既与我们分享他的翻译过程，也与我们分享他的翻译收获，记得我们在校时，他和济凯先生合译的《高尔基传》已经出版（江西人民出版社1980年版），他送给全班同学每人一本译著，并用规整的笔迹在扉页上题字签名，不难想象，我们接到这样的馈赠时会多么激动，同时也会觉得译书和出书不再是一件遥不可及的事情。最后，他以他的翻译行为和翻译意志告诉我们大家，庙小并不妨碍念经，更不妨碍修身。他在翻译课上不畏权威，真诚地点出翻译名家们的长处和短处，让我们较早地感受到某种翻译民主精神，并从而确立自己的翻译人格。在他之前的大翻译家往往都生活和工作在大城市，而他在成名后却安居小城，潜心译事，他的存在方式构成一种垂范和激励，使我们很早就意识到，一位翻译家原本可以在任何环境里成长和工作。力冈先生作为一位翻译家的作为和风骨，为他的学生们树立起一个光辉的榜样。

五

力冈的文学翻译有着其鲜明独特的文字风格。译者作为一部作品中的“被动创作者”，究竟应不应该体现其风格，这也是翻译学中一个争论已久的问题，一个见仁见智的问题，有人认为，译者的责任就在于原封不动地传导原作的风格，而不能擅自发挥，喧宾夺主。但是，译作毕竟是由译者用另一种语言进行的文学再创作，译者个人的修辞习惯和语言风格不可避免地会在其译作中得到体现，也就是说，所谓“译者风格”实际上是难以避免的。在这种情况下，如何让译者的风格与作者的风格相互接近、相互吻合，往往就成了决定译作成败的关键因素之一。译者无法在作品的风格范畴里肆意妄为，但译者毕竟有权利选择与自己相近的原著，或者说，选择自己较容易处理的翻译对象，或者说，在一部作品的翻译过程中更注重在自己的风格较易发挥的地方施展拳脚。原作风格和译者风格的吻合虽是一个可遇不可求的事情，但一旦相遇，便是译者的幸事，也是原作者的幸事，更是读者的幸事。

在力冈先生的译著中，较之于人物对话和心理描写，大段落的抒情和大场面的写景似乎得到了译者更为精心的处置，他往往能借助这些段落营造出一种悲凉壮阔、哀婉抒情的氛围，更确切地说，他往往能细腻精准地传导出原作中的此种氛围。力冈先生钟情于这样的段落，钟情于这种文学氛围的营造和传导，无疑与他饱经沧桑的生活经历相关，也是他既刚正不阿又侠骨柔情的性格使然，更是他的审美趣味和文字风格的要求。他的几部译著在书名翻译上的处理，就在一定程度上体现了他的这一追求。巴巴耶夫斯基的小说原名 ***Приволье***，这是一个很“地道”的俄语单词，意为“广阔的地方”“无拘无束”等，力冈成功地将其译成《野茫茫》，这个译名既契合小说描写苏联斯塔夫罗波尔草原地区生活的主题，也暗含着我国著名的北朝民歌《敕勒歌》所具有的苍茫壮阔的抒情力量。卡里姆的小说原题 ***Долгое-долгое детство***，力冈先生最初发表在《世界文学》上的译文题为《漫长漫长的童年》，后来出版单行本时，他将书名改为《悠悠儿时情》，

“漫长漫长的”和“悠悠”这两种均使用了叠词的译法都是对原文题目中的修辞手法和诗意情绪的准确再现，但“悠悠”较之“漫长漫长的”似乎更符合中文习惯，再加上之后的“儿时情”，无疑更有抒情味。冈察尔的小说 ***Берег любви*** 通常被译为《爱的彼岸》或《爱之岸》，力冈先生却译为《爱的归宿》，译者似乎也是在有意地“拓展”作为小说描写对象的爱情的辐射范围。力冈最重要的译作之一《生活与命运》最初的译名是《风雨人生》，力冈是在20世纪80年代末结束此书的翻译的，想必他在译完这部作品时，回顾自己和社会遭遇的种种磨难，不禁百感交集，故将格罗斯曼的原书名 ***Жизни и судьба*** 译成《风雨人生》。需要说明的是，在广西师范大学出版社不久前再版力冈先生的这部译著时，笔者建议将译著的书名改为《生活与命运》，因为这部小说如今已与托尔斯泰的《战争与和平》并列，而作者格罗斯曼在为这部小说取名时也的确是对托尔斯泰那部史诗的有意模仿，“生活与命运”和“战争与和平”，都是对人类生活最高程度的归纳和概括。

我们或许可以将力冈先生的文学翻译风格概括为“大气的诗意”或“壮阔的悲凉”，即一种融悲剧与抒情于一炉、广阔的画面感与内在的节奏感相互呼应、一气呵成的连贯调性和力透纸背的史诗感相映成趣的译文风格。在他精心翻译的《静静的顿河》和《日瓦戈医生》等巨著中，他的译笔很好地传达出了原著中原本就饱含的由抒情性、悲剧性和史诗性抱合而成的小说整体氛围，而在《生活与命运》的翻译中，他的这一风格又得到了更为充分的彰显。请读一读这部史诗长篇的结尾：“在这种宁静中，会想起去年的树叶，想起过去的一场又一场风雨，筑起又抛弃的窠巢，想起童年,想起蚂蚁辛辛苦苦的劳动,想起狐狸的狡诈和鹰的强横,想起世间万物的互相残杀,想起产生于同一心中又跟着这颗心死去的善与恶,想起曾经使兔子的心和树干都发抖的暴风雨和雷电。在幽暗的凉荫里,在雪下,沉睡着逝去的生命——因为爱情而聚会时的欢乐,四月里鸟儿的悄声低语,初见觉得奇怪、后来逐渐习惯了的邻居,都已成为过去。强者和弱者、勇敢的和怯弱的、幸福的和不幸的都已沉睡。就好比在一座不再有人住的空了的房子里,在和死去的、永远离开这座房子的人诀别。但是在寒冷的树林中比阳光明丽的平原上春意更浓。在这宁静的树林里的悲伤,也比宁静的秋日里的悲伤更沉重。在这无言的静默中,可以听到哀悼死者的号哭和迎接新生的狂欢……"这一史诗性的小说结尾写得好,译得也好,善于再现悲剧抒情风格的翻译家力冈先生的功力和风格在这里体现得淋漓尽致,炉火纯青!

俄国诗人叶夫图申科在1986年访问中国之后,深为中国俄苏文学翻译家们忍辱负重、坚持不懈的精神所感动,写下一首题为《中国翻译家》的诗作,在由笔者译成中文的这首诗的最后,诗人写道:"知识分子的良心,/就是一家出版社,/它仍能工作,/即便没有印刷机,/无论监狱、瘢迹还是侮辱,/它仍能用诗句的春燕/把各个民族连系。/翻译家们在做什么?/他们让各国人民相互走近,/越过国境,/越过谎言的沼泽地。/总有一天,要用他们的姓氏/为巨轮命名,/稻穗和麦穗,/会向他们鞠躬致敬。/伟大的译文,/就像神的预言。/翻译过来的细语,/会成为震耳的呼喊。/但愿能有一座纪念碑,/献给无名的翻译家,/那最为可敬的基座,/就由无数的译著垒成!"我们相信,力冈先生的译著,应该也被垒入这座纪念碑的基座;力冈先生的名字,应该也被刻上这座纪念碑的碑身!

二〇一七年初秋于京西

译者前言

《日瓦戈医生》的作者、苏联著名诗人帕斯捷尔纳克对我国读者来说不是一个陌生的名字。他由于“在现代抒情诗和俄罗斯伟大叙事诗传统方面所取得的重大成果”，曾被授予诺贝尔文学奖。但这之后，他却受到了开除苏联作协会籍的打击，经历了生活中的风风雨雨。现在，这位多次遭受严厉批判的俄罗斯作家，终于在俄罗斯大地恢复了名誉。他的著名小说《日瓦戈医生》今年将在苏联出版，他的诗的生命复活了，他的名字列入了最优秀的俄罗斯抒情诗人的行列。他终于以自己的创作完成了一支人生的“圆舞曲”，尽管其中浸满了泪水。

鲍利斯·列昂尼托维奇·帕斯捷尔纳克于1890年2月10日出生在莫斯科一个艺术气氛很浓的家庭里。父亲列昂尼德·奥西波维奇是著名的画家，母亲罗莎·考夫曼是杰出的音乐家。他真可谓美术与音乐的复合体。他自幼受到艺术的熏陶，从小醉心绘画，从十三岁起开始接受了六年系统的音乐教育。然而，这位美术与音乐的复合体却于1909年进了莫斯科大学的历史哲学系，并在1912年到德国马堡大学专攻哲学;后来又献身于文学创作,把美术与音乐方面的禀赋以及哲理性的思辨都成功地移植到诗的创作上,他在诗的领域表现出独具的描绘景色的才能,在逼真细致的风景抒情诗中注入音乐的成分,而且从哲学的意义上以这种外部世界的描绘来揭示人类灵魂的深沉复杂的内部世界。

帕斯捷尔纳克于1908—1909年就激发了对现代诗的强烈兴趣,并开始与现代派诗人密切接触,但直到1913年才发表诗作,同年加入H·阿谢耶夫、C·勃布洛夫等领导的处于象征派和未来派之间的“离心机”小组。他的第一部诗集《云中的双子星座》于1914年出版,1917年又出版了诗集《越过壁垒》。这两部诗集表现了诗人对自我的声音、生活的观点以及在五色缤纷的文学潮流中的自我位置的探讨,抒发了对生与死、爱与恨以及大自然的感受。这两部诗集文字晦涩难懂,联想古怪奇特,但遣词审慎,格律严谨,比喻新鲜,思想深沉,所以他被马雅可夫斯基称为“诗人的诗人”。

1922年《生活——我的姐妹》和1923年《主题与变奏》的出版,给诗人带来了巨大的声誉,使他进入了俄罗斯最杰出的诗坛巨匠的行列。《生活——我的姐妹》在对大自然和宁静生活的描绘方面,具有独到的创新之处,表现了人生与大自然的一体性。爱情的主题形成了大自然的配合旋律。他通过描绘风雪雷雨等自然现象来间接地表达情感和心境。《主题与变奏》更趋成熟,但情绪较为阴郁。爱情的主题更加戏剧性地呈现出来。在这部诗集中,作者采用类似变奏曲的技巧,强调了情侣的冲突与分离的母题。

20年代后期，帕斯捷尔纳克被写历史主题的普遍倾向所吸引，转向重大的社会主题和史诗体裁的创作。写下了著名的长诗《一九〇五年》和《施密特中尉》。长诗《一九〇五年》将青年时代的回忆与激动人心的革命战斗场景以及大段大段的抒情插笔交织在一起，引起了人们极大的关注。《一九〇五年》问世后不久，曾经认为他的诗里“感受与诗歌形象之间的联系太隐晦”的高尔基便致信帕斯捷尔纳克，表达了那时读者的共同看法：“……这是一部杰出的作品，它的价值是一时难以估定的，但必将具有长久的生命力……《一九〇五年》中，您显得矜持而朴实了，您在这本书中变得更趋古典化了，充满激情，这种激情迅速地、轻易地、有力地感染了我这个读者。是的，这显然是一部佳作，这是真正诗人的声音，而且是一位有社会意义的诗人的声音，这里的社会意义是取其最好、最深的含义而言的。”[①]著名文艺评论家楚柯夫斯基也认为这部作品“找到了令人陶醉的、无可辩驳的诗的形式，这种形式与其内容是水乳交融的”[②]。不过，这只是相对而言，长诗的晦涩程度虽然有所减弱，可仍有一些至今啃不动的“硬胡桃”[③]。

30年代初，帕斯捷尔纳克出版了诗集《第二次诞生》。诗集中有对自然景色的细致入微的描绘，也有对爱情的真挚细腻的赞

---

①《文学遗产》第70卷，莫斯科1963年版，第300页。

②楚柯夫斯基：《鲍利斯·帕斯捷尔纳克》，引自《外国文艺》，1985年第6期，第104页。

③柯瓦辽夫：《帕斯捷尔纳克的诗歌特色》，引自《国际诗坛》第1辑，第24页。

颂，尽管仍不时流露出一种深沉的忧郁和哀怨，但总的来说，这部诗集中洋溢着一种新的情调。爱情诗占有相当多的篇幅，诗中吟咏的对象主要是两个女性：一位是他的妻子叶甫盖妮娅，另一位是后来成为他第二个妻子的齐娜伊达·尼古拉耶芙娜·涅伊哈乌斯。30年代初，他与齐娜伊达共赴格鲁吉亚。高加索的瑰丽风光，齐娜伊达的新的爱情，都化为特别的诗的火焰燃烧着他的心灵。他后来说，格鲁吉亚如同大革命，给他留下了强烈的印象，打开了他的新的个人世界，成了他的新的生命的开端。[①]

30年代和40年代，他的诗歌几次受到责难与批判，他因诗歌被谴责为“无思想性、非政治化和缺乏人民性”，而几次放弃诗歌创作，利用自己的外语知识，埋头翻译外国名诗和格鲁吉亚诗人的作品。他翻译了莎士比亚《哈姆雷特》等多部剧本，歌德的《浮士德》，以及席勒、魏尔伦的作品。

他在创作后期，由于经过长期的探索，文字趋于简朴清新，不再沉溺于渺茫的描绘，克服了早期诗中的晦涩。他自己后来也曾说道：“我不喜欢自己1940年以前的风格……”[②]诗集《在早班火车上》和《雨霁》以及小说中的诗都表现了他诗歌风格上的新特点。在许多诗中，他以纯朴而富有诗歌激情的语言，描绘大自然的景色和自然界的现象，并把对大自然的描绘与普通的日常生活结合在一起，表现人们对色调柔和的大自然和周围人们日常关系中成千个瞬间和细节的细致感受，把风景抒情诗变为揭示人类灵

①见《文学格鲁吉亚》，1968年第9期。

②《帕斯捷尔纳克选集》第二卷，莫斯科1985年版，第256页。

魂的工具。他晚期的诗集同样受到人们的极大关注，他最后的诗集《雨霁》被人们认为是他诗歌创作的高峰。

除了诗作之外，他在晚年还完成了长篇巨著《日瓦戈医生》，并被授予诺贝尔文学奖。可是，这却给他带来了一系列的打击。一年多以后，即1960年5月30日，这位俄罗斯大自然的歌手终于因病默默地躺进了倾注着他的泪水，却又被他深深热爱的俄罗斯大地。

纵观帕斯捷尔纳克的创作道路，尽管从语言风格上看，他经历了一条由晦涩朦胧到朴质明朗的道路，但从总体上来说，他在创作的早期，就确定了自己独到的创作特点与抒情手段。这一特点首先表现在他作为“美术”与“音乐”的复合体，而在诗中体现的“画面感”和“音乐性”。这一画面感尤其表现在描绘大自然的诗作之中。这些诗描绘得具体、准确、逼真。一首诗就如同一幅画，惟妙惟肖。车尔尼雪夫斯基在评论托尔斯泰时曾经说过：“有一些画家，他们赖以著名的是工于描绘反映在怒波上的闪烁的光芒，簌簌摇动的树叶上的明灭的光影，变幻不定的浮云上闪耀的阳光……”[①]帕斯捷尔纳克便是这样的一位艺术家。他注意捕捉景色的每一个细部，以最大真实再现他的“此时此地”的某一瞬间。当然，这种对细部的真实的描写，并非目的本身，而是通过它来凝结内心世界情感生活的全部浓淡色调，和丰富的、飘忽的、复杂的、多变的感受。所以，这些画面中渗透了哲学的思考。如在

①《俄国作家批评家论列夫·托尔斯泰》，中国社会科学出版社，1982年版，第32页。

《雨霁》中，他描绘了雨过天晴、“太阳把光彩朝大地抛洒/绿色的叶儿晶莹滴翠”的画面，接着又透过这一画面联想起教堂内景中的对永恒的向往。再如，在一首题为《耕作》的诗中，他写道：

新生的槭树一尘不染，
白桦穿着淡绿的旗袍，
耕地披上浅灰的衣服，
世界上哪有更为纯净的色调！

他以被耕土地的意象，表现“天地之间的界线已被抹除”，表现超越时空的思想，仿佛要以这片耕地来衔接物质与愿望相抵触的世界。

帕斯捷尔纳克熟悉大自然中的声响，对树枝的摇曳，叶儿的颤动，雨丝的飘拂，雪花的飞舞，鸟雀的鸣啭，雷电的轰响都异常敏感，并善于捕捉大自然的这些声响，来塑造富于音乐感的诗的形象。如在《又是春光明媚》中，他通过拟声、重复等语言手段以及元音相谐等修辞方法描绘了复苏的、充满活力的、“钻出了林地”的一条小溪，使这首诗本身就像春天的溪水一般发出叮咚的颤音。他善于通过节奏和音韵，特别是使用多重头韵和各种对比的内韵的巧妙结合，来增强诗的音乐性，打动读者的心灵。

贯穿于帕斯捷尔纳克整个诗歌创作中的另一明显特点，就是诗的形象性和形象的流动性。如上所述，在帕斯捷纳克的抒情诗中，风景抒情诗占有显著的位置，这些风景抒情诗多半洋溢着清新迷人的气韵。他诗中的一草一石，一花一木，一朵云彩，一条小溪，都是富有生命的形象逼真的实体，都是代表生活而言的。他诗中的自然界的意象常常不是描绘的客体，而是行为的主体，事件的主角和动力。他自己很少以自己的身份叙述自己，而是企图把“自我”隐藏起来。读他的诗时，常会使人产生一种假象，仿佛诗人是不存在的，而是由自然以自己的名义在倾吐情愫或表达思想。有时，风景与诗人——观赏者之间甚至调换角色，如《春寒》便是一例：

寒冷的早晨，太阳披着薄纱，
像竖在烟雾中的一根火柱。
我好似印在蹩脚的照片上，
也像太阳一样模模糊糊。
太阳闪现在池塘后的草地，
暂且还没有走出阴霾，
树木在那遥远的岸边
隐约可见我幽暗的身态。

这样，诗中的形象就变活了，不再是抽象的、静止的，而是具体的、流动的了，我们不妨以他笔下的一颗水珠，来对形象的流动性“窥其一斑”：

雷雨吓呆了的水珠儿
在花朵儿上滚来滚去，
摇晃着芳香的花枝儿，
在黑暗中吮吸着甜汁儿。

在花朵儿上滚来滚去，
滚到两片萼儿里，
水珠儿变成一粒玛瑙，
挂在花萼上闪烁、嬉戏。

贯穿于他诗歌创作中的再一个显著特征，就是他诗学观点中的两种矛盾倾向的冲撞与和谐。“他的诗歌常常在两个层次上展开，同时具有两个母题、一个主题的两个方面以及一个意象的两个缩影。”[①]他诗中的冲撞是多方面的，首先是传统与现代意识的冲撞，他并没有像某些现代派诗人那样，要把普希金“从现代轮船上抛下去”，而是继承了普希金、莱蒙托夫、丘切特夫等19世纪俄罗斯诗人的优秀传统，又从20世纪俄罗斯现代派诗人中汲取了“现代意识”。他吸收了俄国象征派的精巧的用词魔法；他发展了阿克梅派诗人对周围世界细部的敏锐观察；他学会了未来派的口语体用词风格和音调以及超现实主义意象……无怪乎《20世纪世界文学百科全书》称他是“唯一的一位以独特的方式把现代俄罗斯诗歌的三大流派的精华融合起来的俄罗斯诗人”[②]。其次，是他诗中的理性与非理性的对抗，虽说他攻读了多年的哲学，诗歌富有哲理，但非理性却又是他诗中的一个重要因素。再则，就是他诗歌风格上的晦涩与鲜明的斗争，他经常产生摆脱晦涩风格羁绊的愿望，但明朗与朦胧的冲突却始终在他诗中延续。最后，还有情感上的幸福与忧伤的交融，他的诗既是含泪的，又是欢快的圆

①《20世纪世界文学百科全书》第三卷，纽约，第45页。
②《20世纪世界文学百科全书》第三卷，纽约，第45页。

舞曲，虽说时常流露出凄凉孤独的情调，但给人总的印象是深沉的郁悒而不是悲观失望。所有这些相反因素的冲撞，造成张力，反而使他的诗更具灵性，更具魅力。

弗·马尔科夫曾经说道，在帕斯捷尔纳克去世前的几十年中，“许多评论家认为他是在世的最伟大的俄罗斯诗人，把他排在艾略特、里尔克、瓦雷里、洛尔加、叶芝等欧洲现代诗人的前面。他对苏联吉洪诺夫、曼杰利施坦、沃兹涅先斯基、茨维塔耶娃等现当代诗人的影响是极其巨大的”。在西方，人们把他和曼杰利施坦、阿赫玛托娃、茨维塔耶娃列为20世纪俄罗斯诗坛四大巨匠。随着苏联对帕斯捷尔纳克的平反，他的声誉愈来愈高，他的作品愈来愈受到全世界人们的关注和喜爱。

现在我们选择了帕斯捷尔纳克各个时期的具有代表性的诗作100余首，奉献给我国读者，作为对即将到来的帕斯捷尔纳克诞辰一百周年（1990年）的纪念。

本书是根据苏联《诗人文库》丛书中的《帕斯捷尔纳克诗选》翻译的，少数注释和写作年代参照了1985年版的《帕斯捷尔纳克选集》两卷集。译文中若有不妥和错误之处，恳请广大读者和专家指正。

吴　笛

一九八八年一月

目　录

生活——我的姐妹（1917—1922） / 045

主题与变奏（1916—1922） / 063

历年诗歌集（1918—1931） / 073

起　点

（1912—1914）

二　月

二月。蘸好墨水就得哭!
当噗噜噗噜响的泥水
泛着黑色春光的时候,
写二月就免不了流泪。

花几角钱雇一辆马车,
听着祷前钟声和车轮叫声,
到田野上去,田野上的暴雨
比墨水和泪水更猛。

无数的秃嘴乌鸦
像晒焦的梨似的从树上落下,
落在一个个水洼儿里,
织成一幅凄凉、忧伤的图画。

化冻的地方又黑又阴暗,
风的吼叫声又大又凄惨,
诗越是写得出人意料,
越能如实地表现悲怆的境界。

1913年

*　*　*

沉睡的花园里飞舞着甲虫，
就像迸散着炉灰的铜手炉。
一个美好的世界来到门外，
在门外窥伺我和我的蜡烛。

我就像换了全新的信仰一般，
进入一个这样的夜晚，
黑夜来临时，一棵灰灰的老杨树
遮住了月光画出的昼夜界限。

夜晚池塘像圣灵出现时那样神秘，
苹果树像拍岸波浪一样絮絮低语，
花园就像带支架的空中花园，
把苍穹高高地擎在自己面前。

1913 年

梦

我梦见秋天在半明半暗的玻璃中，
你和朋友们在滑稽可笑的玻璃堆里，
一颗心向你的手上下坠，
就像斗伤的鹰从天空跌落。

但时光在走，在衰老，流逝，
朝霞从花园里升起，
给窗框镶上银缎，
用九月的血泪染红玻璃。

但时光在走，在流逝。椅上的锦绸
像冰一样在开裂，在融化。
大声说话的你，忽然打个嗝，不再言语，
梦也像钟的回声，无声无息。

我渐渐醒来。黎明像秋天般灰暗，
晨风带着白桦朝远处奔去，
随风狂跑的白桦在天空拉成一排，
就像狂雨追赶着一车麦秸。

1913年(1928年改定)

*　*　*

今天大家都穿皮衣，
碰落丛林中一颗颗水滴。
可是谁也没有发现，
我又沉醉于阴雨天气。

马林果的叶子一齐翻向上面，
连成银光闪闪的一大片。
今天的太阳像你一样忧伤，
也像你一样，来自寒冷的北方。

今天大家都穿皮衣，
但这一天格外惬意。
这朦胧的雨雾境界，
最使人沉醉，使人珍惜。

1914年

威尼斯

我一大早就被惊醒，
原来是窗玻璃丁丁响动。
只见水上漂浮着威尼斯，
就像一个泡透的石头面包圈儿。

四周围无声无息，
可是我在梦里曾听到叫喊，
就好像已经静下去的一声呼号，
依然在遥远的天际回旋。

那叫声也许来自远方，
就像蝎尾高竖在空中，
面对着一位受凌辱的女子，
面对着一曲刚罢时的寂静。

这会儿那叫声已经平息，
却像一把黑叉子矗立在黑暗里。
一条大水道好像要逃跑，
还不住地回头朝人冷笑。

梦境渐渐在眼前消失，
渐渐出现一望无边的船只。

威尼斯像一位威尼斯女子，
从岸边跳下，朝水里游去。

1913年（1928年改定）

*　*　*

我在黎明前起身吟诗，
但我的声音被紧紧锁住，
广场上大雨哗哗下个不停，
是雨声裹住了我的吟咏声。

如果是在晴朗的日子，
我决不在冷漠的同辈行列里。
我浑身上下浸透了灵感，
北方从小就是我寄身之地。

北方隐藏在黑暗中，
好像怀着满腹诗情，
逼视着吝啬的诗句，
怪只怪诗句不肯喷涌。

我很怕北方逼视，
但只有北方明白，
我为什么无所适从：
我只是北方的过客。

1914年（1957年改定）

冬　夜

秉烛不能弥补白昼的短暂，
无法揭去寒冷的沉沉夜幕。
冬天已来临，缕缕炊烟
无力将趴倒的房屋拉起。

灯光如面团，屋顶似白饼，
门框被雪衬得发了黑。
这是老爷家，我是家庭教师。
只我一个人，因为学生已睡去。

谁也不会来，但我把门窗紧闭。
街上一堆堆积雪，台阶白成一片。
记忆呀，你别性急！要跟我在一起！
你我都该相信，咱们是一体。

又在回忆她？但不是她使我心酸。
是谁给她期限，是谁使她就范？
那次打击是一切的根源。
其余的如今与我全不相干。

街上一堆堆积雪。在积雪中
光光的黑冰块像冻住的玻璃瓶。

灯光如豆，烟囱上孤烟袅袅，
像夜猫子披着蓬松的羽毛。

1914年(1928年改定)

越过壁垒

（1914—1916）

彼得堡(之一)

河岸与街道的轰隆声,
像接连不停地将子弹上膛,
或者打赌射击蜡烛,
彼得大帝装的子弹颗颗发响。

啊,伟大的彼得!当长满绿苔的海湾
涌上他的眼帘,使他流出泪水时,
他那铁的面颊就好像
蒙上了一张抽搐的网!

当他登上帝国宝座之后,
他沉思苦想,跑遍南北,
波罗的海的波涛涌上他的咽喉,
就像一团团痛苦的泪水。

没有太多的时间去抒发灵感。
管什么泥淖、草滩、大海、陆地,
他在这里做了一个梦,
要马上把梦变为现实。

公务压身,阴云也压心。
皇上的怒气,就像那

一百盒制图仪的硬鬃，
扎进那风雨鼓起的征帆。

在门外，涅瓦河上，无数失眠之夜，
伴随着岗哨，伴随着侍从，
伴随着日夜不停的喧腾：
有刀斧，有刨子，还有火炮声。

都知道他不接受朝拜。
不分老爷、奴仆，也不分老头、老奶奶，
因为在皇上的画框上，
暂时还是丛林和绿苔。

彼得堡(之二)

波涛翻腾。如林的踏板。
雾绰绰的浮标之上是阴沉的天。
天空将细细汽笛放出的蒸气
和捣碎的石墨不停地搅拌。

阴霾日子将一只只快船丢失。
渔网就像克纳斯特烟草一样带劲儿。
阴雨天弥漫着焦油气息,
一条条舢板散发着黄瓜味儿。

一叶叶白帆从三月的云中飞下,
飞向泥泞中,像一团团潮湿的棉花,
渐渐在黑色的车辙里腐烂,
在波罗的海熔渣的沟里溶化。

云遮雾障。木船噼啪直响。
码头不停地拍打冰凉的手掌。
马匹当当地敲击过石子路面,
便悄没声地走上潮湿的沙滩。

彼得堡（之三）

海上的风
从铜骑士手上
继承了
骑士的绘图笔。

沟渠水在上涨，
涅瓦河水更足。
他用北方的石笔
描绘一条条通路。

诸位且试试看，
在这荒漠的地带
骑上马实地跑一跑，
还要跨越重重障碍。

四周围的人都看到：
鄂霍塔河上，纳尔瓦河那边，
一缕缕的灰雾，
就像被指甲抓乱。

彼得朝他们挥舞帽子。
暴风雪呼啦啦响，

那声音像军旗一样，
又凄厉，又悲壮。

同胞们，这是谁，
是谁把一片片的楼房
撒在风口里，
和暴风雪较量？

他按照画出的地图，
按照纸上的图样，
抛出一座城市，
矗立在三月的北方。

彼得堡（之四）

缕缕黑云像竖起的乱发，
矗立在雾蒙蒙、白茫茫的涅瓦河上。
你是什么人？不管你怎样，
这座城市是你的构想。

一条条街道像他的思绪，
沿着诏书的黑河朝港湾驰去。
是的，他不爱看荒凉的墓地，
更不喜欢白色的尸衣。

木桩挡不住洪水的波涛。
他的话说到做到。
本来这是随意说梦话，
转眼间变成现实的语言。

1917 年（1929 年改定）

*　　*　　*

商店在化雪的日子里
散发着暖烘烘的棉花气息。
冬日的便道两边
明晃晃的冰块在不停地断裂。

冰块先是噼啪作响，
然后瑟瑟打战。
化出的水像发黑的指甲，
躲在夹缝里小声诉怨。

树上不停地滴着铜钱。
旧书店老板为了躲避，
顺着檐下走，
身子紧紧贴着窗户。

靴底的网状纹，
橡胶公司的标记，
贴在一片片雪上，
或者沉入雨水里。

可是阴晴变化本是常事。
上午是暖洋洋的天气，

下午就阴云四起，
报来极地的信息。

天空希望在大雪之前，
让寒冷封住大街，
让狂风先行开路，
叫招牌、门环知道厉害。

1915年（1928年改定）

流　冰

春日大地尚未睡醒，
还不敢梦想葱茏的绿意。
大地刚刚从雪中探出头来，
在河岸上露出黑色的春泥。

晚霞像壁虱，贴在海湾里，
暮霭死死地咬住泥沼地。
辽阔而寒冷的北方啊，
你有多么贪婪，多么情急！

太阳没给北方带来暖气，
北方拖着太阳在苔地上走。
将太阳摔在冰上，把太阳撕碎，
就像撕碎红红的鲑鱼肉。

滴水滴到中午时候，
等到寒冷把大地锁住之后，
便响起流冰的咔嚓声，
冰块开始了激烈的搏斗。

不见人影。但闻呼哧声、
沉闷的叮当声、刀剑碰击声，

还有互相撞击的大冰块
发出的咬牙切齿声。

1916年（1945年改定）

春　天

春天！不必上城外去，
不必上河边去看冰窟窿。
城里到处是冰块，
像一只只海鸥在游动。

大地啊，大地开始闹腾，
淹了水的一条条大街
把各种各样的垃圾、秽物
抛入一个个桥洞。

城郊的电车和花园，
不顾流冰的寒冷，
像一根根火柴漂浮着，
欲渡河却找不到浅滩。

望着旋转的水和冰，
望着海燕溅起的泡沫，
不觉头晕目眩。
但四周围
已经是处处欢歌。

有人出城去钓鱼，

他们的日子无须多虑。
城里还到处有犯罪，
还有下等人流的眼泪。

1917年（1957年改定）

柳树村

小小丛林把盾形头饰
从阵阵大雨中拉到额头上。
头上罩着黑云，
枝丛中闪着串串珍珠。

一棵棵饶舌的小树
枕着毛茸茸的枕头，
闪烁着缤纷的色彩，
好像扯断的花边儿。

蓝水晶的玉坠，
紫翡翠的耳环，
因为无法脱离土地，
不能送出去展览。

为了使青山着迷，
使悬崖幽谷留恋，
才从乌拉尔的云雾中掏出来，
把它们摆在眼前。

1917 年

雨　　燕

傍晚时候的雨燕
无法压制内心的欢畅。
欢畅冲出发音洪亮的胸腔，
在空中到处回荡。

雨燕在天空纵情翱翔，
那千回百转的歌声任意飞扬。
啊，雨燕哪，多么得意。
你们瞧，连大地都要逃避！

翻腾的云雾扩散开去，
就像锅里翻滚着一股白泉，
你们瞧，从峡谷到天边，
大地已找不到安歇的地盘。

1917 年

七月的雷雨

猛烈打击要来的时候，
往往紧紧跟随在甜蜜之后，
这时候又轻松、又安逸，
正欲痛饮欢乐的美酒。

时间一动不动，
是不是因为时间已定，
因为我的胆汁没有外溢，
我的肝还在原地？

远处半边天在雷雨的军营中
原地踏步的时候，
椴树叶子是粘到了上颚，
还是烂掉了舌头？

听得见雷雨的操练声，
那声音又低，又远，又重。
一团团阴云聚在一起，
拥拥挤挤在排列阵式。

黑云的阵式异常分明。
篱笆贪婪地望着云层，

沉醉地等待着。沉醉的还有
大车、木桶和干草棚。

它们好比沉醉的戏迷,
忘记吐口水,忘记嗑瓜子,
它们全被天空征服,
天空仿佛喷吐着青春气息。

* * *

大雷雨来了! 大雷雨来了!
轰隆轰隆,横冲直撞,
披着黑暗,闪着银光,
闯进大门,闯进院子,闯进走廊。

顺着阶梯,跑上台阶。
一级,一级,一级……把面罩撕开!
揭去假面具的大雷雨,
露出狰狞的真面目。

1917 年

雨 后

窗外的落叶密密层层,
凝望着劳累不堪的天空。
一切都无声无息。和先前大不相同!
这会儿全都变了样,变得温和平静。

先前一切都慌张忙乱,
闯进栅栏去抖搂美丽的树冠,
受难的树木刚出暴雨,又遇冰雹,
团团落叶在院子里飞舞旋转。

这会儿密密的草木丛分外青翠。
因为杨树的血管断裂,
杨树散发出苏打的气味,
园子里的空气仿佛变成了汽水。

阳台玻璃上一道道流水,
就像出浴女子背上和腿上的汗珠儿。
草莓闪闪有光,像冻住了尖儿,
一颗颗冰雹像盐粒儿撒了一地。

阳光从蜘蛛网上溜下,
藏到荨麻丛中,不过,不会久停,

等到阳光的炭火燃烧起来，
就会在树丛中画出彩虹。

1915年（1928年改定）

即　　兴

我得心应手地喂着一群琴键鸟，
听着翅膀拍打声，听着鸣叫。
我伸出两手，踮着脚站起，
挽起衣袖，让黑夜舔我的长臂。

夜幕沉沉。池塘。波浪。
我爱你们这些刚强的鸟，
看样子，那响亮而结实的黑喙，
宁可啄死别的鸟，也不肯死掉。

波浪。池塘。夜幕沉沉。
漆黑的夜色正浓。
波浪纵情拍打着船底，
鸟儿在肘下厮打，嬉戏。

黑夜在池塘的喉咙里打扑腾。
看样子，小鸟还没有吃饱，
母鸟宁可舍命拼搏，
也不能让美妙的华彩经过句死掉。

1915 年(1928 年改定)

磨　　坊

村子里轮子到处响。
麦穗儿唰唰流淌。
远处,叫哑了的狗在号哭,
都是在另一片土地上。

村庄披上银色的衣裳,
疲惫的茅舍泛着白光,
狗叫声声如打更,
好像带链的毛槌在敲打月亮。

老牛在沉睡,樱桃树眨着眼睛,
低处的池塘似醒未醒,
一棵棵挺直的玉米秆儿,
把穗儿搂在自己的怀里。

穗儿沉甸甸,庄稼压弯了腰,
在万头攒动的庄稼之上,
是像碉堡一样的风车骨架,
高高竖立着,不停地唠叨。

好哭的哈尔科夫县,
那白柳,那篱笆,那星星,

都像慵懒的美人鱼的长发,
宛如瓦灰色的蜡烛在轻轻晃动。

* * *

像嘴巴在低语,像手在编织,
像叹息一样深沉,像手已经无力,
谁又能知道,谁又能说一说,
过去这儿是怎么一回事儿?

在明月做忏悔的时候,
连风磨也寂然无声,
这时候谁敢不昏睡,
谁有胆量微微动一动?

风分给了风磨,就像光分给了星星。
风在空中消散,没有新的风来。
不过风车还在空中活着,
就像船无泥土也能生存。

这草原的帆踩着高跷飞翔,
弯着长臂,张着翅膀。
就像一件件肥大的衣裳,
晾在弯弯的木架上。

当母鸡与刨屑乱飞的时候，
如扁担的炊烟，如柱的灰尘，
滴水像铜板落入铜杯，
幽静的夜悄悄走近。

风暴撕扯着旱金莲的花瓣，
把裤筒吹得像气球一般，
风暴跑来，看到被大雪照花了眼的天际，
像白杨树一样，把眼睛眯起。

这时风磨的影子渐渐醒来，
风磨的思想像磨盘一样旋转。
风磨的思想像圣贤一样博大，
但有志不能酬，也像圣贤。

现在它们想起一生的辛劳。
草原的一切心思和语言，
炎夏结下的累累果实，
纷纷涌进它们的磨盘。

火车头看到风磨，
马上赶来凑热闹，
用蒸汽拍打得夜幕呼哧呼哧响，
从炉膛里往黑暗中抛掷着内脏。

就在一旁，在磨坊下面，
在细磨精筛的吱嘎声中，
黄鼠在灰土和烂泥里，
挖掘它们那长长的穴洞。

风磨疲倦地转动着转轴，
转动着倒霉的齿轮，
碾磨着空中落下的团团白粉，
碾磨着时光、心和命运。

风磨碾磨着忍气吞声的太空，
转着眼珠，给云彩撒上白粉，
也许，世上没有哪一片土地，
能容得下它们那无止境的心思。

不过，它们对辛苦并不抱怨，
一道道过去隐隐闪现、
今后越来越亮的无名火光
为它们装满温暖，就像装满粮仓。

1915年（1928年改定）

在轮船上

料峭的晨寒。冻住了牙齿。
瑟瑟的树叶像梦中絮语。
比公鸡羽毛还蓝的晨曦，
在卡马河那边缓缓升起。

厨舱里叮当响着杯盘，
仆役数着提盒，打着呵欠。
萤火虫在河上纷纷飞舞，
有如晶莹的星光万点。

萤火虫结成光闪闪的银线，
从滨河街道上耷拉下来。
三点敲过。仆役用餐巾
加紧擦抹铜器上的油斑。

古老而神秘的卡马河，
像一枝夜晚的芦苇，
靠粼粼的波光引路，
乘微风奔向彼尔姆。

一颗星星跟在船后，
像一盏灯在水上漂游，

卡马河水像巨大的灯座，
星星差点儿就要在水中沉没。

轮船上散发着饭菜香气，
还有一阵阵白漆气味。
淡淡的夜色在河上飘动，
悄悄倾听河上的动静。

手握酒杯，眯缝着眼，
听着一句又一句醉言。
但是一阵阵胡言乱语，
却引不起你的兴趣。

和旅伴谈谈如梦的往事，
一同沉浸在昔日的波浪里，
为的是在往日的波浪里沉没，
就像最后一点水滴。

料峭的晨寒。冻住了牙齿。
瑟瑟的树叶像梦中絮语。
比公鸡羽毛还蓝的晨曦，
在卡马河那边缓缓升起。

早晨像一片血海，
像火油浇向漫开的朝霞，
渐渐把厨舱里的灯盏
和城市里的灯火淹灭。

1917年

马　　堡[1]

我全身战栗。我燃烧起来，又戛然熄灭。
我发抖。我刚刚求过婚，——
可是晚了，我胆怯，即刻遭到拒绝。
她的泪水令人惋惜！我真比圣徒更蠢。

我走到广场。我可以被人认为
是第二次诞生。每一件小事
都活着，对我不屑一顾，
在告辞的意义上站起身子。

石板晒得发烫，大街前额黧黑，
铺路的圆石皱眉凝望天空，
风就像船夫，在椴树林中滑过。
所有这一切是多么相同。

但是，无论如何，我回避了
它们的目光。我没发现它们的欢迎。
对于财富我什么也不知道。
我即刻逃走，免得痛哭失声。

①马堡是德国的一个大学城，1912年夏天，帕斯捷尔纳克在此攻读哲学，并曾向伊·维索茨卡娅表白爱情。

天生的本能，阿谀奉承的老头
令我生厌。他擦肩而过，暗自思忖：
“多么幼稚的恋爱。可惜，
对他们必须特别留神。”

“迈步前进，再来一次，”——本能强调说，
并像一名年长的经院哲学家，英明地
领我穿过难以通行的处女林，
里面满是晒热的树木、丁香和情欲。

“先学走，后学跑，”——本能说道，
新升的大阳高悬在天顶，
看怎样教地球上的土著人
在新的行星[1]上重新学会步行。

这一切使有些人眼花目眩。使其他人
沉入伸手不见五指的黑暗。
雏鸡在天竺牡丹丛中啄食，
蟋蟀、蜻蜓滴答作响，像钟表一般。

瓦在漂浮。正午目不转睛，
盯着房顶。而在马堡，
有人默默准备去降临节集市，

①原文中的行星一词，还有“命运、遭遇”之意。

有人边做弓弩,边吹口哨。

沙子吞噬云朵,渐渐变黄。
雷雨的前奏玩耍着灌木的眉毛。
天空烧结成块,
在一片止血的山金车[①]上降落。

那一天,有如对待莎士比亚的剧本,
我恰似一名乡下的悲剧演员,
把你从头到尾背得烂熟,
随身带着进城,闲逛并且排演。

当我跪倒在你的脚前,搂住
这片雾,这块冰,这个表层
(你多么美丽!)——这股热旋风……
你说些什么?回心转意吧!拒绝了。没有缘分。

这儿住过马丁·路德。那里住过格林兄弟。
长有利爪的屋顶。树木。墓志铭。
一切都记忆犹新,并且向往着他们。
一切都活着。这一切又是多么相同。

不,明天我不去那里。拒绝——
比抛弃更坦率。一切都很明朗。我们两不欠。

---

①山金车是一种植物,有止血功能。

火车站的拥挤与我们无关。
我前程何在,古老的石板地面?

浓雾把行李袋铺放在各处,
一个月亮在两个窗口镶嵌。
旅客的郁悒在书中滑动,
与书一起躺在长沙发上。

我到底害怕什么?须知我对失眠症
了解得像语法一样透熟。我与它结下联盟。
我为何害怕普通思想的出现,
犹如担忧梦游病患者的来临?

在月光皎洁的拼花地板上,
夜晚与我同坐,下着象棋,
窗户敞开,金合欢芳香沁人,
角落里,如同证人,坐着头发斑白的情欲。

杨树——是王。我与失眠症下棋。
夜莺——是王后。我向着夜莺。
夜晚获胜,棋子纷纷闪开,
我当面认出白色的凌晨。

1916年(1928年改定)

生活——我的姐妹

（1917—1922）

生活——我的姐妹

生活——我的姐妹，就在今天
它依然像春雨遍洒人间，
但饰金佩玉的人们高傲地抱怨，
并且像麦田里的蛇斯斯文文地咬人。

长者怨天尤人自有道理。
你的道理却非常、非常滑稽：
说什么雷雨时眼睛和草坪是紫色的，
而且天际有一股潮湿的木樨草气息。

说在五月里前往卡梅申途中，
你在火车里翻阅火车时刻表，
那时刻表比圣经还要恢宏，
虽然看得非常潦草。

说夕阳刚刚照射到
拥挤在路基上的庄稼人，
我就听出这不是那座小站，
夕阳对我深深表示同情。

三遍铃响过，渐去渐远的铃声
一再向我道歉：很遗憾，不是这个站。

渐渐烧黑的夜色钻进窗来,
草原扑向星空,离开车门的台阶。

有些人眨巴着眼,却睡得十分香甜,
此刻,生活犹如梦幻,
就像一颗心拍打着车厢平台,
把一扇扇车门撒向草原。

1917年夏

花园泪涟涟

可怕呀!它一面流泪一面听:
是它独自一个
在窗户上揉树枝儿,
还是有谁旁观?

不过,这到处有鼻孔的大地
却被积水压得不能喘气。
可以听见:远处,如在八月间,
半夜首先降临在田野里。

无声无息。无人窥视。
它喜欢这样的空寂,
就依旧干自己的事。
从屋顶滚下,再穿过水槽子。

我凑近些,仔细听一听:
是否仍然无人旁观,
万一我放声哭起来,
是否会有谁听见?

依然静悄悄。树叶动也不动。
没有亮光,没有动静,

只有大口喝水声与啪啪声，
夹杂着叹息声与流泪声。

1922年

*　　*　　*

雷雨吓呆了的水珠儿
在花朵儿上滚来滚去，
摇晃着芳香的花枝儿，
黑暗中吮吸着甜汁儿。

在花朵儿上滚来滚去，
滚到两片萼儿里，
水珠儿变成一粒玛瑙，
挂在花萼上闪烁、嬉戏。

任凭在花丛中盘旋的风
将水珠儿压扁又拉长。
水珠儿还是没有破碎，
两片花萼仍然在亲嘴。

花瓣在笑，想挣开，
希望像原先那样直起身来，
可是水珠儿不想从花心流出，
花瓣便牢牢地贴在一块。

1920年（1922年改定）

夏夜的星星

讲的是可怕的事情，
而且有名又有姓。
你言我语，进进出出，
就像在戏院里。

我听着种种声音，
然而最好听的是寂静。
蝙蝠在夜空中盘旋，
也有点使人心烦。

村庄在七月的夜晚
披一头淡黄色头发。
天空有种种理由
进行千万种变化。

星星洋溢着喜气，
闪烁着点点亮光，
各占各的位置，
各守各的方向。

微风轻轻吹拂，
为满足衣襟、鞋子、

头发和嘴的要求，
要把玫瑰花轻轻吹起。

气状的橙黄色星星，
将留给它们的污迹，
将它们得到的一切，
纷纷撒向砂砾。

1922 年

诗的定义

这是充满力量的尖利的哨声,
这是相互挤撞的冰块的咯吱,
这是让树叶结满冰霜的夜晚,
这是两只夜莺决斗的声息。

这是已经干缩的甜豌豆,
这是豆荚中的宇宙的泪水[①],
这是费加罗[②]乐谱架和横笛
向着畦田纷纷倾泻。

在海滨浴场的深深的底部,
夜晚迫切寻求一切东西,
并用颤抖、潮湿的手掌,
把星星送到养鱼池里。

闷热——比水中的木板还要平坦。
苍穹轰然倒塌,如同赤杨。
这些星星应该哈哈大笑,
反正宇宙——是个偏僻地方。

1919 年

①诗人后来(1956 年)解释说:“豆荚中的宇宙的泪水”所指的是星辰的形象,它们仿佛挂在绽开的豌豆荚的内壁上。

②费加罗是莫扎特的歌剧《费加罗的婚礼》中的主角。

草　原

到静寂的草原上去!
无边无际的草原像大海。
蚂蚁沙沙爬,茅草在叹息,
蚊子哼哼唧唧地哭泣。

草垛和白云排成长串,
像山连着山,渐去渐远。
草原无语,草原打湿,
走在上面又滑又软。

雾气像大海,环绕着我们,
在挂袜子的荆棘中缓缓行进,
草原很像海滨,
走在上面又滑又软。

那雾中是不是我家的草垛?
我走近一看:一点不错!
我走到我家草垛跟前,
四面是雾,是茫茫草原。

银河朝刻赤方向延伸,
像大路,牲口趟得到处是灰尘。

过了那片茅舍，就会大吃一惊：
四面望也望不到边。

雾气催人睡，茅草像蜜。
银河将茅草撒得到处都是。
雾气会消散，夜幕会落下，
把草垛和草原罩得严严实实。

阴沉的午夜站在道路旁，
将无数星星撒在大路上，
如果不践踏众多的星辰，
就不可能穿过大路，跨越板墙。

曾几何时，星星垂得那样低，
半夜泡在荒草丛里，
像打湿的轻纱，紧紧贴在一起，
又急切，又害怕，等待结局。

让草原评论，让黑夜裁决：
当初蚂蚁沙沙响，蚊子哼哼哭，
刺草挂在袜子上，
那是什么时候，又是什么时候结束？

草原哪，让什么都别发声息！

草原好像要背弃人世。
寰宇把草原抱住,草原像降落伞,
草原又像竖立起来的梦幻。

1922年(1956年改定)

闷热的夜晚

黑云压顶,落起稀疏的雨点,
可是青草连腰也不弯一弯,
只有灰尘吞吸着大大的雨滴,
化成一粒粒铁的药丸。

村庄不想用药丸治病,
高高的罂粟花孤孤零零,
黑麦热得发烧,
上天烧得说起胡话。

孤孤单单、彻夜不眠、
响遍原野、带泪的呻吟声
想要逃跑,想要躲避,
狂风却藏起来等待时机。

紧跟着逃跑的是斜斜的雨滴。
打湿的树枝和有气无力的风
还在篱笆旁边议论。
说的是我!我不禁一愣。

我觉得这花园可怕,
花园只顾一个劲儿地说,

我在街上听树丛和百叶窗说话。
所以还没有发现我。

万一发现了,我会无处躲藏,
它们会没完没了地说短道长。

1922年(1945年改定)

更闷热的黎明

鸽子在我家窗前
咕咕叫了一个早晨。
树枝呆呆地挺立在水槽里,
就好像打湿的衣服上
直挺挺垂着两个袖子。
落起稀疏的雨点。
黑云轻装来赶集,
集市上到处是灰尘,
我怕,怕黑云在货摊上
说起我的苦闷。
我恳求黑云不要再说,
黑云好像要答应我。
黎明平淡无趣,
就像树丛里的争论,
就像罪犯的私语。
当洗脸盆像山里的冰河
在窗外翻腾的时候,
当断续的歌声、
睡醒的腮上的热气
流向镜台,
流向像冰一般的热玻璃时,
我恳求给时间加速。

但是高高的上天
在行云的絮语中
却听不见,听不见
我在寂静中的恳求,
寂静像军大衣被水湿透,
像打场时扬起的灰尘,
像树丛中的高声议论。
我要求它们:
别再把我折腾!
我睡不着。
不过,仍是小小的雨滴,
黑云转来转去,像是来赶集,
像一群新兵,一到早晨,
就要到村外去蹓腿儿,
像被俘的奥地利人,
像轻轻的哼哧声,
好像哼哧着说:
“凑合着喝点儿吧,
我的好土地!”

1922年

穆奇卡普村

心灵异常郁闷。褐色的远方
像我的思绪一样。
磨坊旁边一派渔村风光：
一只只渔船，一张张灰色渔网。

村里的风磨一动也不动，
就像一只只帆船停在码头上，
到处都显得沉闷。
流露着失望和焦灼气氛。

啊，时光也在这儿匆匆奔驰，
像海边蹦跳的小石子！
它不会沉没，不会沉没的，
永远是褐色，像我的思绪。

今天我能不能再看见她？
当然能！到上火车还有一小时。
不过这一小时难度难挨，
异常郁闷，异常孤寂！

1922年（1957年改定）

主题与变奏

（1916—1922）

相　见

下半夜时分,一处处
流起水来,一阵又一阵,
水管里、水洼里的水朝外涌,
屋顶、栅栏上都有水在流动。

人行道上又滑又软,
风吹流水像撕破衣烂衫,
这时候如果在城里行走,
一个人影也看不见。

五点钟,忽然潮湿的阶梯上
发出疲惫的响声:
“明天再见!”就像画布掉下一片,
带着撕裂声掉进水中。

在东方如醉如痴
预先品尝流水欢乐的地方,
好像有一架自动滑车
发出嘎吱嘎吱的声响。

远方面对着冰雪的大杂烩,
穿着不整齐的霜衣在沉睡,

喝过了三月的醒酒汤，
又是咳嗽，又是哼唱。

三月之夜和我并肩而行，
夜色见我们争论不休，
便伸过一只冰凉的手，
领着我们朝家里走。

三月之夜和我脚步匆匆，
偶尔望望闪烁的幻影，
那幻影有时像真的出现，
一会儿又躲得无影无踪。

这是黎明来临。
这是刚才发出声音的早晨
听到预感的召唤，
来和我们相见。

早晨像制框的工匠，
带来无数花边镶条，
树木、房屋朦朦胧胧，
好像都镶上了美妙的框框。

树木、房屋像三层的古诗，

逐次向右方转移位置。
趁未醒把它们悄悄移走,
谁也没发觉它们消失。

1922年

主　　题

岩石与风暴。岩石与斗篷和风帽。
岩石与……普希金。还有那个人，
那人闭上眼睛，认为斯芬克斯[①]
不是我们胡编乱造：不是那个
受窘的希腊人的臆测，不是猜想，
而是祖先：是瘪嘴的哈姆人，
带着天花，也带着黄沙，
满脸麻子，像沙漠坑坑点点，
就是这么一回事。风暴与岩石。

从悬崖、陡岸、海角、浅滩、
沙嘴、林尾疯狂流出的啤酒。
苍穹轰轰作响，熊熊燃烧，
又被月色洗净，好像下过倾盆雨。
没完没了的风暴、闹声、烟气。
浪花照耀。像白天一样明亮。
这一点谁也不能不凝望。
拍岸浪涛对女怪不吝惜蜡烛，
并且时不时更换新的。

岩石与风暴。岩石与斗篷和风帽。

①人面狮身女怪。

女怪嘴上带着浓雾的咸味儿。
沙滩上到处是湿印子，
那是蛇发女怪的狂吻。

他从未见过海妖的鳞片，
从未见过海妖的膝盖上
那明亮耀眼的星星的反光，
怎能相信她的鱼尾的存在?

岩石与风暴与……微笑，
一切傲慢的人都觉察不到的、
自古至今沙漠借岩石的嘴角发出的
最奇怪、最安详的孩子般微笑。

1923年

快活的人

各种各样快活的人，
尽管灵魂各不相同，
如果剖示他们的内心，
都会发现活泼的性情。

快活人也像快活公园，
也有落花，也有枯草。
快活人也像快活公园，
有趣的是从河沿到大门那一片。

和公园一样，将旧凉亭后面
让给荒凉的池塘，
又像断了弦的吉他，
保留着快活的模样。

1922年

春天(之一)

春天,我从外面来,在外面
杨树表示惊愕,房屋害怕跌倒,
远方颤颤巍巍,天空湛蓝湛蓝,
就像出院病人装衣服的小包。

黄昏时外面空空的,就像星星讲故事,
讲着讲着忽然中断,不再讲下去,
千万只深不可测的、发呆的眼睛
一齐露出迷惑不解的表情。

1918年

春天(之二)

鸟儿叽叽喳喳,一派热诚模样。
阳光照得马车上的油漆锃亮。
磨刀石上不再迸射火花,
迸射是迸射,在阳光里一闪便熄灭。

从敞开的窗户望去,云彩如鸽子,
一片片向白云织成的锦缎落去。
它们发现:一场雨之后,
篱笆瘦了许多,十字架也瘦了少许。

鸟儿叽叽喳喳。歌声像波浪一样,
从学校里涌出来,落在路边石柱上,
还有线轴咔嗒声,梭子嚓嚓声,
还有闪来闪去的镰刀影。

火花不再迸射,迸射了,随即熄灭。
这是花钱的日子;学校上空
飘着朵朵白云,磨刀人好欢喜,
因为世上的妇女有的是刀子。

1919年

历年诗歌集

（1918—1931）

致友人

或许我不知道,若是钻进黑暗,
夜晚也就永世不会进入光明,
我——是个畸形儿,千万人的幸福
抵不上百来人无所事事的幸运?

难道我没有比较五年计划,
没有随它升降、沉浮?
但我怎么背负着沉重的胸廓
与因循守旧的事物共同相处?

在伟大的苏维埃时代也是枉然,
崇高的激情被剥夺了立足之处,
留下了诗人位置的一片空缺,
即使不空,也是危如朝露。

1931 年

致阿赫玛托娃

我觉得我挑选的词语，
像您创作的原生面目。
是我错了，——可我满不在乎，
反正我不背弃这种错误。

我听见潮湿屋顶的低语、
木块的渐渐熄灭的安闲。
自第一行就跃然纸上的城市
在每个音节中成长和回旋。

周围春意盎然，城内却寒气袭人。
吝啬的订购人更为严厉。
眼睛刺绣般地爬在灯后，
霞光闪耀，没把腰板挺直。

呼吸着远方的拉多加湖面，
朝水中奔赴，抑制衰弱的体力。
在这样的闲暇中毫无所得。
水道中散发出柴垛的霉气。

水道上，热风就像空核桃，
随波起伏地航行，徐徐飘动

树枝、星辰、灯笼、路标,
以及自桥头向远方眺望的女裁缝。

眼睛具有各种各样的锐利,
形象也有各种各样的逼真。
但奇险堡垒的一个开口——
就是白夜目光之下的夜的远景。

我看得出您是这种面貌和目光。
它不是以诙谐和俏皮对我开导,
五年以前您就是靠它
把懊悔的恐惧别上了韵脚[①]。

但是,根据您早期的书籍
(凝集的平凡稳固在其中),
在一切方面,它像火花的导体,
以往事迫使事件猛烈搏动。

1928 年

①此处指阿赫玛托娃的诗作《罗托夫之妻》。

致茨维塔耶娃

你把衣袋翻过来，有权说：
请发掘，请探索，请找寻。
我反正无所谓，管他浓雾怎么潮湿。
过去的一切——如三月里的清晨。

树木站在黄土地上，
厚呢外衣格外软柔，
虽说那根根枝丫
也许在角落里不堪忍受。

晨露落在树枝，使它震颤，
细细流淌，似绵羊身上的柔毛。
晨露跑动着，刺猬一般抖搂，
鼻梁儿旁边蓬松干燥。

我反正都一样，无论听到
飘自何方的何人的交谈。
过去的一切——如春天的庭院，
它的四周烟雾弥漫。

我反正都一样，不管在我身边
穿上什么式样的连衣裙。

过去的一切,像消逝的梦,
其中也有着诗人的命运。

波涛翻腾地汇入许多支流,
诗人如烟雾向前推进,
从不幸世纪的窟窿之中
跨入另一个难以通行的绝境。

他会浓烟滚滚地冲出
压扁在饼中的命运的泥淖。
如同谈论泥煤,后辈们会说:
这种时代能够燃烧。

1928 年

空　　间

致H. H. 威廉·维尔蒙特[①]

金刚砂粘附在脚上。
凿孔的声音微微沉寂。
小径上的一颗颗雨珠
像一只只小鸟在枝头栖息。

白桦的葇荑花开始变暗。
柳丛呈现幽黑的色泽。
乌云翻滚,像载重车队,
根据标志在路上耽搁,

糅合着公路上的泥浆,
准备重新根据手的挥动
像一辆沉重的马车,
竭尽全力向前猛冲。

用不着等待许久。
愁眉不展的高空的运动,——
连绵不断的雨,出于所需,
把一串串玻璃珠挂满长空。

①维尔蒙特(1901—),苏联文学评论家和翻译家。

浅紫色的蘑菇,
像布满斑点的五戈比硬币
以不通行的车辙作枕
看哪,这该是多么合适!

铁锹在砂子中咯吱作响,
仿佛上牙敲着下牙,直打寒战。
铁路路基
不愿和任何人来往。

它被我注意
已近四十年。
渴望着玻璃和水泥,
轨道的足迹向前伸延。

星期二有祷告和法令。
这就是他们的全部忧虑?
不是为此,也不是这样
沿着枕木敷设铁路。

为什么钢铁如水似火
从堤坡哗哗拍打道口,
顽强的钢铁日日夜夜
朝着北方疾速奔流?

那是城市,——什么地方能够计算
莫斯科聚会的诱人图景,
阴雨天的闪烁的细线,
穿不透的黑暗的诱惑性?

那是城市,——请你看看,
夜间它怎样灯火通明。
它的内部装饰着一件往事,
如同装饰着彩灯。

它以死气沉沉的怪诞
遮蔽嘣嘣响的生日礼物。
它像纸扎的城堡,
往其中插入了偶然之烛。

它自山上撒开灯笼,
为了驱逐历史,燃烧历史,
熔化历史,如同
某种无名蜡烛的硬脂。

1927 年

巴尔扎克

遍体金黄的巴黎在繁忙中运转，
复仇般长久期待的雨丝在全身披挂。
街道上飞扬着尘埃。
栗子树怒冲冲地绽放鲜花。

炎热像釉一般覆盖马匹
和长鞭的啪啪的声音，
如同篱栅上的豌豆，
在窗口颤动全身。

敞篷马车无忧无虑地疾驰。
一天的难处一天当[①]。
他们能待到明天的朝霞？
树木怒冲冲地把鲜花绽放。

而他们的人质和债户，
藏到了哪里？啊，炼金术士！
他垂头俯视僻静的小巷，
仿佛是在浏览书籍。

恰似垂柳，耷拉着一对大耳朵，

①此句引自《圣经·马太福音》第六章结尾。

他俯瞰下方,像窥探禁伐区,
如同蜘蛛,他为巴黎
编织着安魂曲。

他彻底不眠的眼睛
构造得如同纺锤。
他编织这窟宅的历史,
像编织细细的大麻纤维。

为了从可怕的债主的
羁绊下赎回自我,
他必须白白地消隐,
把全部纤维线退下线轴。

为什么向别人赊购巴黎,
连同交易所、场地和人群,
并把乡村宴会的从容
投进爆竹柳的树荫?

如同奴仆,对自由充满了渴望,
像年老的会计期求养老的薪水,
而这只拳头上的重量
如同石匠的大锤。

他什么时候擦去汗水，
把咖啡色的干土轻轻拂去，
免得让自己遭受
《马太福音》第六章的忧虑①？

1927 年

①《马太福音》第六章中写道："不要为明天忧虑。因为明天自有明天的忧虑。"

*　　*　　*

魁梧的射手，谨慎的猎人，
心灵漫溢时的持枪的幻影！
莫要没完没了地对我追捕，
莫要像剁饲料一般剁碎我的感情。

让我在耻辱的死亡上站起身子。
夜间，给我穿上河柳和冰的服装。
早晨，从湖的沼泽里把我惊飞。
瞄准吧，完蛋了！趁我飞翔之时，赶快开枪！

为了这响亮的离别的崇高，
哦，我的受到轻慢的人们，
我感谢你们，亲吻你们，
祖国、羞怯、友谊、家庭。

1928 年

雄　鸡

整夜，流水毫不歇息地工作。
哗哗的雨点恰似油锅的沸腾。
从浅紫色的屋顶下冒出热气，
大地烟雾缭绕，如同汤盆。

雄鸡一声啼叫，万鸡齐声呼应，
我听到的时候是多么震惊。
草儿何时抖动羽毛，一跃而起，
向露珠讲述我的惊恐之情？

按名字依次抚摸岁月，
按顺序挨个呼唤黑暗，
它们开始向大家预报爱情，
向雨天和大地预报变幻。

1923年

铃　兰

酷热自清晨开始。但是，
只要拨开灌木，沉重的正午
就会咔嚓一声碎裂在后方，
在金刚钻的下面折断全部。

它的肋骨和光线扑通一声，
栽倒在颤抖的光影的边缘，
就像一箱松手的玻璃
从汗津津的肩膀滑到地面。

盖上了可以悬挂的夜幕，
这儿的洁白被煤炭染黑。
这儿的春天清新无比，
如同乌格利奇[1]，神话般优美。

炎热的无情的屠杀
不会从林缘朝这里猛扑。
于是你走进树林中，
你与桦林面面相觑。

但你已被预先告知。

---

①伏尔加河的港口城市。城内有王宫金銮殿等许多古建筑。

有人从下方朝你们窥探：
潮湿的沟壑已经缀满
含露铃兰的干燥的雨点。

他走了过来，欠了欠身子，
仿佛垂悬着一串串露珠，
分成手指，分成两枚，
分成一枚半——从根基分出[①]。

像锦缎，无声地沙沙作响，
他的花序像莱卡狗一般相互紧靠，
树林里的昏暗同心合力
把它们拆成一双双手套[②]。

1927年

①铃兰的花茎是从根基生出的。
②铃兰的椭圆形双叶和花茎合在一起，在朦胧之中，形如手套。

双叶长距兰

致B.B. 柯尔泽夫[①]

前不久在这林间小道有雨儿散步，
像打记号者和土地测量员。
雨水落入珍贵的蜡烛的耳朵，
铃兰的叶儿沉重得如同铁片。

被寒冷的松林所疼爱，
他们露珠般挂着耳垂，
不喜爱白天，孤独地生长，
甚至单个地流溢出香味。

当别墅里喝着晚茶，
雾气鼓起蚊子的白帆。
夜晚偶然把吉他弄得哐啷一响，
像乳白色雾气钻进了三色紫罗兰。

这时，每个夏天，每张脸庞，每种思想，
每一在过去能够拯救的现象，
每一在将来能从命运之手获取的良机，——
一切都散发出双叶长距兰[②]的芬芳。

1927 年

①科尔泽夫(1901—1955)，苏联文学批评家和翻译家。
②双叶长距兰又名夜晚紫罗兰。

城　市

只有一俄里了,
在阴雨天和帚石南的毛细管里,
是被你加盐的浓雾。
你燃烧,像咸沼,
把空间烧焦,如同沙洲,
炽热的盐土,
如灯笼之光在玻璃上蔓延,——
这是以反光刺穿黑暗的
消防瞭望塔!

迎接着信使,广阔的树林
通过空气冲出城市,像冲出海洋。
这是寒鸦、十字架、花园,
和空地上的流动的客栈。
车门外,一切越来越快,
万物
疾驰如飞。

这是未卜先知的树枝,
以脑袋对天发誓,
飞上乌云。
这是以黑色的发誓

让基母塔拉卡尼亚近郊发起癫痫。
这是柳别尔卡或柳班[1]。
这是马刺、茶碟、宴会厅和窗扇的喧哗，
哦，黑沉沉的铁路站台。这是面包片
与菊苣汤、长筒靴的昏昏欲睡的分歧。

这是舰队早晨的换班。
这是昏迷状态与车轮和弹簧的争论。
这是损失与复归相撞的轰隆。
这是对目标过高估计的当当响声。

风儿摆动着阴雨天的衣裳与面纱。
远方与词语一起滑翔：
未必就是灌木的询问、铁锹和车站的絮语、
穿草鞋走路的农民和小鸟的欢唱。
九月的日子聚集成一个整体。
在这些日子他们到齐了。悲哀的仪式。
陈设被抢劫一空。赐以哭泣。
这是大家的、使大地必遭毁灭的仁慈。

这是几篇小说，以吝啬鬼的命运
列入迟来的拍岸浪和莫斯科近郊
站台的信号。这是槭树叶下的

①柳别尔卡和柳班分别是苏联莫斯科州和列宁格勒州的城市。

桥板。这是柔软光滑的贮存品，
有着瑟瑟发响的美丽，有着种植池塘的
带翅膀的种子。遍地是涟漪和浓雾。
遍地是装在大车上的家具什物。
遍地是霖雨。遍地是悲痛。
这是我们城市的算命天宫图。

枕木号啕痛哭，急急离去。
喘不过气来的火车头，
以响成一片的声音搅浑汽笛，
滑动着，用蒸气触犯杨柳。

数数站名。该到了。该到了。
城郊当成了缓速的地区。
窗户泪流满面。火焰。眼睛。
平民百姓！刹车台打起呼噜。

不知在哪儿，水汩汩地流淌。
像流入敬若神明的头巾，
不知在哪儿，喘息着夜间的乌云、
电线、楼房、夏天和雷声。

不知在哪儿，水汩汩地流淌。
不知在哪儿，不知在哪儿，鼓着鼻孔，

跳动着事件、秘密与灾难，
怀疑自己受到了别人的追踪。

不知在哪儿，大雨倾盆，
黑夜在茶馆里撞见了两人。
第三位在哪里？三者之中，
黑夜对秘密追得最紧。

从火车站的拱廊
到禁伐林的边缘，
你，由秋天创作的前所未有的小说，
被轻便马车的隆隆声在雨中展现。

像灯笼一般，——扩大你的故事，
关于二楼饱受的苦难，
关于爱情，关于牺牲，
也就是关于分期付款。

什么东西比得上女性的力量？
她是多么地大胆狂妄！
她取下世界，当房屋居住，
她在身后烧毁海船。
我担心，天空引导我，
像引导他们，通往

有人居住的危险的房屋,
那儿的墙壁有莫泊桑的幻象。

那儿,屋内住着巴尔扎克,
那儿,潮湿的十二月和可怕的西方
像岁月一般爬进窗口,
成了大橱的预言。

像没有成功的牌阵,
像注定难免的纸牌的掉落。
Honny soit qui mal y pense[①],
只有天使能对我们进行折磨。

角落里,是微笑,面颊上,
头发中——是鲜红的清凉。
耳朵和短上衣混搅一起。
一副手套——是两块巧克力糖。

膝盖内——是绝境的瑟瑟声音,
在这样的绝境里,
山楂从步行、劲风、无伤草和桃红之中
领略了畅快的休息。

①古法语:谁想得糟糕,谁就可耻。

那儿，地平线像卢比肯河[1]，
那儿，穿过捣毁的花楸树的濒死状态，
朝雨中猛烈地奔跑着
笛声、车辆和云块。

1916年

①亚平宁半岛上的河流。公元前42年为意大利与罗马行省南阿尔卑斯高卢的界河。恺撒曾不顾禁令越过该河，引起内战。

一九〇五年

（1925—1926）

*　*　*

冬天毫无诗意地
从十月信步走进我们的散文。
苍穹宛如帷幔的花边,
从高空垂到大地的表层。

初雪后雪橇的痕迹依然清新、
纵横交错、惊心动魄,如同消息,
在这些日子的超凡的新现象中,
你,革命,全身上下充满活力。

西伯利亚囚徒之中的贞德[①],
你是为首的服苦役的女犯人,
还没来得及做任何准备,
就一头扑入人生的水井。

你走出昏暗,女社会主义者,
砍出火光,像一堆火镰。
你号啕大哭,以妖蛇的脸庞
使我们结冰,又使我们红光满面。

被打靶场上的轰隆深深吸引,

①贞德(Jeanne d'Arc,约1412—1431),法国民族女英雄。

远处的打靶场异常热闹，
你摇动着疏远的火光，
恰如在手中旋转着街道。

狂欢的白絮漫天飞舞，
打出高傲的、模棱两可的手势；
就像精益求精的艺术大师，
你闭口不提自己的功绩。

如同诗人，燃烧完毕，改变主意，
你在漫游之中寻找消遣。
你逃避的不只是一帮财主，
一切无聊的琐事都令你生厌。

父　　辈

事情发生在我们身边。
它与我们成了话柄，
还会淘汰。
然而，
岁月急速变迁。
磨灭了痕迹，
仿佛一个年头
成了一九与五之间的〇，
磨灭了痕迹，
没有往昔，
往昔没有留下任何标记。

夜晚仍旧处于战斗状态，
可晚霞没有抓起步枪。
然而，
我们观望一番：
实际上更为明亮。

处于战斗状态的夜色
被罢工
沉陷进半睡眠状态。
这个夜间——

是我们的童年
和教师的青春。

夜幕降临之前，
颠覆事件，
小组和英雄，
爆破手，
银版照片，
着火的心灵。
三驾马车在大道上行驶，
但是，沿大道建起了工厂，
“萨瓦”正在发展，
“维库尔”正在偏僻的地方完善。

一声紧一声的鼓的敲击
震聋了铁路上的信号。
糟糕的四轮大车的轰鸣——
第一批敞车的辘辘。
农奴制俄罗斯
从桎梏中
走了出来
进入空地
在改革以后
称为俄罗斯。

这是民意党人，
彼罗芙斯卡娅[①]，
三月一日，
穿着腰部带褶外衣的虚无主义者，
刑房，
戴夹鼻眼镜的学生。
我们父辈的故事
仿佛发生在
斯图亚特王朝时代，
比普希金更遥远，
似乎
在梦中出现。

也无法更近：
二十五年——在地下活动。
宝贵财富——在地下。
在地上——
是毫无灵魂的万花筒。
为了发掘宝贵财富
我们的注意力

①彼罗芙斯卡娅(1853—1881)，革命民粹派分子，民意党执行委员会委员，谋杀亚历山大二世事件的组织者和参加者，1881年4月3日在彼得堡被处绞刑。

集中到眼睛疼痛的地步。
为顺从它的意志，
我们亲自下坑道。

这儿有过陀思妥耶夫斯基。
这些隐居者
未能料到
在他们身边
没有搜查，
把珍贵的遗物带到博物馆，
走向绞刑
并且
将他们秘密工作者涅恰耶夫[①]的光荣
埋入地下，
从时间中
隐藏敌人和朋友。

这是昨天的事情，
假若我们提前三十年诞生，
走出庭院，
在煤油灯的昏暗中
在蒸馏瓶的闪现之间，

①涅恰耶夫(1847—1882)，俄国革命运动参加者，秘密团体“人民惩治会”的组织者。

我们一定会发现
那些女实验员——
是我们的母亲
或是
母亲的女友。

庭院里下着蒙蒙细雨。
宫殿里平息了混乱。
油灯渐渐熄灭。
非常暖和的天气。
城市空无人烟,一片死寂。
黑夜呼吸着
凋谢的花叶
和墓地的飞帘。
阒无一人。
广场打着盹儿,
她的梦很不吉利。

但是,报告正在书写,
用的是约定的文体,
四轮马车对灾难一无所知,
叮叮当当地响在涅瓦河畔。
而九月的夜晚
被珍贵财物的秘密

所闷死，
甘油炸药
不让哈尔图林[1]
睡得安宁。

这个夜晚将停留在
昏睡状态，
直到旅顺之战。
电线杆将成为断头台，
赏给首领。
牺牲与电报的絮语
更加频繁，
叫谍报机关昏昏欲睡，
总有一日
那个冬天将会出现，
万物将会复苏。

我们出生在世界。
傍晚前的太阳，
随随便便地
把我们招呼到窗口。
我们胡乱地

---

①哈尔图林(1857—1882)，俄国最早的工人革命家之一。1880年2月在冬宫制造爆炸事件，刺杀亚历山大二世。

把生疏的落日视为神物，
面对望远镜中的景象，
我们大为震惊，
不管如何震惊，
有谁能够
回望百年前的场景。

正如拉奥孔[1]
在酷寒之中，
将成为烟雾，
裸露身体，
如杂技演员，
滚滚冒出，拥抱乌云。
正在悄然消逝的日子
将会平稳地
运动在起自阁楼的
电报网的
铁轨之上。

过了一会儿，
光芒闪烁，仿佛给回头的浪子
把道路照亮，
以免这个日子在路上

①指古希腊表现拉奥孔父子垂死时与百条蛇奋勇搏斗的塑像。

扭断自己的脖子
大厦的天窗
将透过浓雾
射出条条光束，
带着灯火走进黑夜。
从苍穹
拍打它的背部。

童　　年

我十四岁。
工艺美术学院
那时还只是雕塑学校[1]
侧面,即工厂坐落的地方,
楼上,
是父亲的工作室。
一俄里之外,
在有着身披百年尘埃的狄安娜[2]
和画布的地方,
是我们的家门。
石板的地面,
石板上满是泥泞。

这是冬天的密林地带。
自十二月就灯火闪耀。
旅顺已经失守,
但巡洋舰驶入海洋,
调兵遣将,
等待着分舰队。
暮色、

①莫斯科高等工艺美术学院在革命前是绘画、雕塑及建筑学校,诗人的父亲当时在此任教。

②指月亮和狩猎女神狄安娜的塑像。

颜料、
调色板
和教授
都凝望着市邮政总局的古楼。

这么多类型,这么多脸庞!
这儿是精神病患者。
这儿是蠢人。
这儿有东西微微闪光。
这儿是道地的黄口小儿。
教室里水泄不通
热得如同暖房。
七嘴八舌的议论,
与沙沙的脚步
汇成一片。

有那么一次,
当墙外一片喧嚣,
如同水浪拍岸,毫不减弱,
房间的旋涡却静止不动,
大街上满是瓦斯,——
响起铃声,
人的嗓音越来越近:——

原来是斯克里亚宾[1]。
哦,我该往哪儿逃跑,
摆脱我的上帝的脚步声!

节日临近,
几张二十五卢布的钞票。
半年终结了。
乐器
日日夜夜
表露心弦。
即使自凌晨就着手创作,
岁月也不饶人。
圣诞节快过完了。
献给圣诞树的礼物如此之多。
哪怕能够等量交换!

彼得堡之夜。
多刺的脚步
使空气凸起,像黑色的冰块。
没对任何人加以阻挠。
有人穿大衣,有人穿皮袄。
月亮像半卢布的硬币,寒气逼人。

①斯克里亚宾(1872—1915),俄罗斯作曲家、钢琴家,莫斯科音乐学院教授,他以自己的一套表现手法在音乐中体现了革命前复杂的思想和形象。

这是在纳尔夫区[1]。
人群往两旁闪开：
来了加邦[2]。

大厅里人声嘈杂。
难熬的闷气。
五千人数着树木。
白雪自街道飘入门厅，
在楼梯上扑腾。
这里是助产院，
在没有油漆的拱形腹腔里
世纪
以未加粉饰的一团
碰撞房间的墙壁。

声名远扬的黎明。
形如黑莓和红莓苔子的云朵。
听得见长廊的嘎吱，
稀汤的热气团团升起。
人们跑动着，
从长廊奔向大门，

①纳尔夫区，彼得堡的一个区，是率先罢工的普梯洛夫工厂所在地。

②加邦(1870—1906)，俄国神甫，沙皇暗探局的奸细。1905年1月9日，他煽动彼得堡工人向尼古拉二世提出请愿书，并到冬宫向沙皇呈递，使工人遭受血腥镇压。后被工人战斗队绞死。

在战旗之下,
从大门涌向严寒,
涌向被冬天点燃的
宽阔的大地。

八级浪涛,
又来了九级巨浪,
很远很远,极为壮观。
帽子从头上冲走。
上帝啊,快拯救你的庶民。
左边——是桥梁和渠道,
右边——是墓地和城门,
后面——是森林,
前面——
是转运站的轨道。

在石岛上。
到处是民众的汇集。
地洞,便道。
游行队伍的后面摆动着尾巴——
砸断了插销的十字路口
和人群川流不息的街道。
公园旁边的游行示威者。
走上特罗伊茨克大桥。

涅瓦河的八声巨响，
又来了第九声巨响，
疲倦了，像荣誉一般。
这是——
（左边和右边
已经快步疾驰。）
这是——
（响起枪声：
我们还以为是镇压。）
这是宣过誓的
王朝
筋骨
断裂。

跑动着的人行道。
天色入暮。
白昼没有起床。
以街垒的射击
回答
轰隆的枪炮声。
我十四岁。
一个月后就是十五。
这些日子，如同日记。

胡乱地翻开，
就能读上一通。

我们打着雪仗。
我们揉搓雪花
这些自天而降的个体，
这些雪片，
素有细孔的实质。
这王国的崩溃，
这醉醺醺的落雪——
在一月里的
波瓦尔大街拐角的
中学校园。

不是天高气爽，就是大雪纷飞。
入党的人们
模样如同雄鹰。
这是说年长的人们。
而我们：
对希腊人粗鲁无礼，也不受处罚。
把课桌推到墙边，
在课堂上玩起“议会”游戏，
并且耽于幻想，

在秘密的格鲁吉亚区[①]。

雪下到第三天。
傍晚仍旧下个不停。
可是一夜之间，
天气骤然放晴。
清晨——
从克里姆林宫传出震耳欲聋的轰鸣：
学校的督学……
致命……
谢尔盖·亚历山大罗维奇……[②]
我喜爱
二月里的暴风骤雨。

---

①格鲁吉亚区是莫斯科的一个区，位于勃列斯尼亚区附近。

②谢尔盖·亚历山大罗维奇(1857—1905)，大公，沙皇亚历山大二世之子，1891—1905年任莫斯科总督，2月4日被社会革命党人卡利亚耶夫刺死。

农夫与工人

还在三月
暴风雪
在地图上撒下全部色调。
把风雪帽拉到额上，
国土酣睡着，
像旱獭一般。
白雪躺上了树枝、
电线、
小分队、
龙骑兵的帽徽，
以及铁路的枕木。

但远方并不赏心悦目。
不管辽阔大地怎样欣赏自己，——
展翅千里，
伸向蓝空，
可是，贫穷就像未榨净的酒糟，
喷放出
剧烈的浑浊的酒气。
在严寒中
错放了
一百度的贫穷。

现在
老爷们家里
灭火器具全力效劳。
众多的大胡子
指挥着庞大的火光,
摧毁着可怕的事物。
骑兵部队已在活动,
一片怒号:
起来,
奋斗,
工人群众。

晒得彻身黝黑的人们
奔跑,奔跑,
乘着雪橇,
穿过小树林的深密处,
他们曾在这里就寝,
并从卧室里
逃身。
在松林中,
一路上
冷漠的月亮占卜吉凶。
一只红色的公鸡

向上戳着,像雪橇的支柱,
装腔作势。

云杉向雪橇俯身,
声声喘息,
升起雾气,低声抱怨。
那儿有火光。
那儿是县城。
那儿是警察局长友好的住宅。
还有火车。
还有异口同声的传闻:
罢工的幽灵
只在城市的马路上游荡。

夏天。
五月与六月。
罗兹近郊的机车的怒吼①
钉子钉进空气。
道路的浮肿干裂了。
在枢纽站的侧面
轰隆隆的反响
静息下来:

①指罗兹工人的武装起义。罗兹是俄国统治下的波兰工业重镇。1905年6月22—24日,罗兹工人举行武装起义,遭到沙皇军队的镇压。

现在,玻璃
和射击过的弹壳
纷纷散落。

开始了,像通常一样。
在市郊村落
与部队的相撞
成了推动力。
双方遭受损失。
但重复在安葬日的
对群众的残杀
使工人激奋起来,
点燃了复仇的渴望。

于是,百叶窗
开始隆隆作响,
城市
不听驾驭,
完全袒露,
毫无分寸,
从未这般死心塌地、
不知羞耻地裸露出本来的面目。
塑像也是这样,
丧失了视力,

却有了体格的匀称。
城市成了一尊雕像。

白天,事务所关门停业。
下午五点,街上就禁止通行。
在死气沉沉的罗兹,
晚霞如同汽油
向四处蔓延。
工人们义愤填膺,
选择了会让站作为目标。
变得荒凉的城市
构筑了一道道街垒。

夜间,部队集结起来。
马路上枪炮齐鸣。
避开鹿砦,
丢弃街垒,
从屋顶上逃奔。
大炮轮子每转一次,
总是会有
炮手阵亡,
马儿每拉一次边套,
威望就陡然跌落。

海上暴动

一切都叫人腻烦。
唯独你令人百看不厌。
岁月疾驰如飞,
一天又一天,
一年复一年。
大海啊,
你以浪涛的白色的热情
躲进
金合欢的白色的芳香,
这样,你也许能够
把时光化为点点滴滴。

你陷于一堆大网。
你发出鹤唳一样的声音,
一股水流,
像喷泉,打趣逗乐,
还像耳后的一绺头发,
在船尾呵痒。
你在孩子们中间做客。
但是,当远方呼唤你回家,
你掀起前所未闻的暴风雨,
作为回答!

古老的宽阔海面
泡沫飞溅,嗞嗞作响。
敏捷的拍岸浪
由于辛劳过度,
变得穷凶极恶。
狂暴地四下飞溅,
一意孤行地咆哮,毁灭,
掀起海藻,
随心所欲地对木桩迸溅。

发狂色泽的
孤零
把船帆的索然无味
挤到后面,
暴雨之墙移近。
苍穹越发低垂,
斜着掉落,
一个跟头窜了下来,
像海鸥猛触海底。

不安的云块,
像电镀的黑暗,
笨拙地,

左右摇摆地，
偷偷爬进这儿的海湾。
蓝腿的闪电
青蛙一般蹦进水洼。
长腿的缆索
忽此忽彼地
抛掷。

万物准备打鼾。
螃蟹向岸上攀爬，
牛蒡的小头
向沉重的太阳中心
倾斜。
大海低声打着呼噜，
在离坚德尔[①]一俄里半的地方，
装甲舰像灰色的小山
呈现
橙黄色的点点花斑。

太阳落山了。
突然，
“波将金号”像电光一般闪耀。
从餐室的上甲板上

①克里木附近的岛屿。

涌出大群的苍蝇。
腐肉散发出的臭味……[①]
黑暗落在海上。
光线喃喃抱怨,直至黎明,
并在晨曦之中熄灭。

凌晨的
巨块涟漪,
像水银剃刀,
沿巨物之脚
轻轻滑翔。
铁甲舰从高处
向它们俯瞰,
开始呼吸,
开始振奋。
人们唱起祈祷文。
开始冲洗甲板。
把拼板搬到海水中。

没有水兵坐进餐厅
默默地喝水、啃面包,

---

①6月27日,“波将金号”装甲舰的水兵们发现煮菜汤的肉生蛆了,拒绝吃饭。舰长下令逮捕拒绝吃饭的水兵,并准备把他们枪毙。这样,著名的“波将金号”装甲舰的起义就爆发了。

这时，突然传来命令：
“后甲板上，全体集合！
各就各位！
分成两班！”
有人穿着制服上衣，
怒气冲冲，面色阴沉，
高声喊叫：
“立正！”
从缆柱上
对七百人厉声叱骂。

“不满意吗？！
谁想吃饭——请进餐厅，
谁不愿意——吊上横桁。
服从命令的站出来！”
水兵们唉声叹息，没人动弹。
突然，成群地
从缆柱
急速如飞地
冲向炮台。
“够了！
站住！”
野性发作的

菜汤圣徒[1]
大声嚷叫。

一小群跑动的人
落在后面。
他横在路上,
把他们拦住。
——又搞阴谋了?!——
他发出命令:
"水手长,
拿防水布!
卫兵队,
把他们罩住!"[2]
其他的人
成群地挤满炮台,
在恐惧中等待着
即刻就会降临的一场处决。

心剧烈地跳动。
有一颗心
忍受不住剧痛,

①这里指逼迫水兵们去喝菜汤的上校军官吉里雅洛夫。

②舰长哥里可夫唤来卫兵之后,水兵们为避免不必要的镇压,开始成群地走出来。但是,在船侧仍有30人还没来得及过来,就被上校军官拦住。他命令水手长将防水布抛向天空,把他们罩住,并下令枪毙他们,杀一儆百。

号叫起来：
“弟兄们！
这到底是怎么回事！”[1]
声音颤抖着：
“弟兄们，揍他们，揍这帮恶棍！
拿起武器！
自由万岁！”
钢铁的铿锵和脚步的沙沙
滚在
炮舰的甲板上。

起义的火焰腾空而起，
飒飒作响，
达到后桅的高度，
吹得更旺了
恰如
用短柄链锤
划出了一道道火弧。
“我们干吗你追我赶地跑步！
给我站住，恶棍！
我准会把你们抓住！”
砰——砰——砰……

①当吉里雅洛夫命令射击的时候，卫兵一动也不动。就在这时，防水布下的水兵们发出叫喊声。

扣动扳机,
急速地射击。

砰——砰——砰……
子弹在甲板上蹦跳
弹出甲板,
砰——砰——砰……
蹦在水面上,
蹦到落水者身上。
“他还在船上?!”
对着水面和空中一阵齐射。
“啊哈!
你在凶狠地诉怨?!”
射击,射击。
在脚边,在船舷,
向旅顺挺进。

机舱里,坐卧不宁,
还不能确切弄明
后甲板上情况如何,
这时,马柱申科①
身影飘过锅炉,

①马柱申科(1879—1907),1905年“波将金号”铁甲舰起义领导人之一,黑海舰队军士,后来被处死刑。

飘过机器的栅栏，
像庞然大物
走了过来，
朝“地狱”俯下身子，
嚷道：
“斯捷潘[1]！
我们胜利啦！”

机械师站起身来。
相互拥抱。
“我们自个儿干吧。
请放心！
把他们押起来了。
但还有很多风险。
我就是为这个来的，斯捷潘，——
副机械师怎么样？”
“他一个人待着。”
“那很好。
把他带上来。”

一天过去了。
在晚霞中，

①即斯捷潘·捷尼先柯。他是铁甲舰上的机械师。起义后，他被任命为军舰的总机械师。

穿上薄如烟雾的夜幕,
一个水手用喇叭对水手们叫嚷:
“起锚!”
声音在云中消失。

铁甲舰开往敖德萨[1],
在这座庄严的小山上
闪烁着
黄橙色的花斑。

①“波将金号”落入起义者手中后,开往敖德萨,参加了敖德萨工人的革命斗争。

大学生

巴乌曼[①]!
送葬曲
使列队震颤的名字!
一步一步地,
向旗帜鞠躬,
在满是人头的马路上,
阳台缓慢费力地走动,
与此同时,
在阳台的下面,
发出不戴帽子的声音:
"在严峻的斗争中,
您英勇地牺牲。"

从高高的阳台
一个单独的女中音
失去知觉
掉落下来。
接着,齐声附和。
女中音变成号啕痛哭。
万物静穆。

---

①巴乌曼(1873—1905),俄国革命运动活动家。1905年10月18日,被黑帮分子杀害。10月20日,在莫斯科举行葬礼,形成30万人的政治示威。

听得清楚，
钟楼的严寒怎样刺骨。
砂糖一般的尘埃
如旋风呼啸，
迅速播散在队列中间。

合唱在远处静息下来。
黑暗——头发蓬乱。
如絮的雪片
遮住了门下空隙。
抻平
身上的围裙，
黑色的众人
从鄂霍特尼
向莫霍瓦亚大街移动①，
在伸张正义方面，
与大学生们比个高低。

有个地方，人们在参加葬礼，
敬意已经表示。
公园里，咿哑叫声沉寂下来，
瓦冈科夫②的尘埃——

①当时，工人群众纷纷涌向莫霍瓦亚大街上所有的大学教室。
②墓地名称。巴乌曼的遗体就是沿着大街被送到瓦冈科夫墓地的。

静默无声。
乡村墓地的野草上
星星
开始操劳。
苍天打着盹儿，
躲藏进
银色的菊花林。

黑暗。
漫无目的地乱窜。
突然，
像在贮藏室的通道里，
街的拐角——处于黄色的灼伤之中。
广场上一片灯火！
暴风雪像浅黄的马，狂奔乱舞。
可是在枪骑兵的帽子里面，
狂舞着的
却是书店、大学、
练马场。
荒芜的寂静
把不眠的帽圈
投向书店的屋顶。
但是，人们刚刚
从火光中

进入寂静,
它就被齐声的射击所划破——
“混蛋!”
慌乱。
叫喊:
“有埋伏!
往后撤退!”
疾速奔跑。

闩着的大门。
毁掉它!
挤动了。
飞奔而进。
入口处、衣帽间、拱顶。
“对不起。让开!”
壁龛、楼梯、敞廊、
大衣、试管、硫酸。
“安静,安静,
请放好。
别作声。准备离开。”

通往不同方向的门。
对着硫酸盐和油画颜料
发出的一声叹息。

推开“柯尔特”手枪，
“波尔特”放到地板，
卷起袖子，走向大橱。
夜里的回声：
“三年级！
想点对策，去包扎所！”
“老兄，外面大雪纷飞。”
——那又怎样？
“有什么法子。她已经奄奄一息。”

而广场上聚集着人群。
被黑暗吞没的罗蒙诺索夫[①]。
一汪汪温暖的松焦油。
弥漫着血腥味的严寒。
尸体摆出飞翔的架势。
窸窣作响的雪堆。
白雪皑皑，
永恒地、短暂地、分散地
显现。

有个地方，正在举行集会。
集会上的怒吼

①指莫斯科大学主楼前的罗蒙诺索夫纪念像，游行的学生在这里与黑帮分子发生冲突。

透过门上玻璃
渗进
病房的昏厥的沉默。
“抗议,抗议!打倒暴君!”
执拗地震颤着的门,
毛玻璃的乳白,
额头上的纱布。
昏迷状态。

十二月的莫斯科

城市在做梦:
梦见熙熙攘攘的
一切,
除了密探。
焕然发光的远方,
从勃列斯尼亚区[1]的四周,
飞往
三山的太阳,
如同飞往溅落的黄米,
并在黍田里沐浴,
令人萌发
作画的愿望。

太阳用望远镜观看,
侧耳倾听
隆隆的炮轰。
整整一天到了尽头,
几天几夜引人注目。
池塘中的晚霞
映射到
人的腰部,

①勃列斯尼亚区是当时莫斯科武装起义的主要阵地。

结冰的防栅
不高过前胸。

无忧无虑的人群
来往不绝,
就像终日闲逛的美女。
昼夜,
完整的昼夜,
狂欢的凉鞋
不停地工作。
为了毁灭,
去看无产阶级的圣物,
用生命开玩笑,
微笑着
推摇着柱子。

这是个别的场景。
“亚克瓦留姆”公园。
群众的集会。
不管里面
怎样大叫大嚷,
义勇队员
带着有导火索的炸弹,
昏昏沉沉地坐在前厅,

一支接一支地抽着烟卷。
嘴里含着这支“火绒”,
像在吸吮
灯笼的引火线。

乌烟瘴气之中,在玻璃窗后,
他看见:
人行道上没有人影。
他还看见:
在积雪的圆场上,
龙骑兵制服
像离开疾飞的树枝,
从马镫
和弄直的马鞍上
飞奔而下,
纷纷地
像苹果一般
弹跳。

脸色苍白的吸烟者
叼着第十支烟卷,
推了推剧院的大门,
走向
外部空间,

进入黑暗。
喘口气该有多好!
轰隆一声……
接着——就像大草原上的马群——
成群结伙地,
四散跑开——
他很快觉得一阵轻松。

军刀。
女人头巾。
沃古尔人的
络腮胡子和嘴脸。
篝火低沉地说着呓语。
严寒惹出了麻烦事儿!
从马什科夫胡同
发出密集的炮弹
轰炸菲德勒学校[1]。
一百五十名奋斗者
反抗着不胜枚举的黑暗。

此后
城市

①12月9日晚,莫斯科义勇队员在菲德勒实科中学举行会议,被政府军包围,并遭到炮击,学校大楼被炮火摧毁。

一连十多天空空荡荡。
警察消失了。
雪地上没有脚印,平平整整。
街垒的瞄准具
弄直
马路的弯曲。
路上空无人烟,
官吏像野牛,变得少见。

到处是一堆一堆的车厢[1],
它们是马力牵引的遗物。
电流的电线
已经架设
将近一年。
但是,
这位与远方打官司的电流先生,
为了斗争,
未经裁决,
就断然抛弃了全部电网[2]。

十天以来,
无论燃烧瓶

①这些车厢是弄来建造街垒的。
②当时,许多电线杆、树木等都被锯倒,用来建造街垒和障碍物。

朝米乌斯基公园
怎样连续射击,
这地方与嗒嗒声却相处融洽[①]。
在星期四,
射击刚刚停止,
大家的视线
急速
抬向上方,
像举目观望马戏院圆顶,
空中一片飕飕的声音,
电线杆、网柱,
漫天飞舞。

它们——就像乌云。
漆黑一团。
人们谈论防守的终结。
市民疲倦了。
必将向右倾。
"米恩——里曼,"[②]——
月台上被风吹积的雪堆
在晚霞中

①在米乌斯基公园,有36名义勇队队员,与围攻他们的用大炮和机枪武装起来的500多名沙皇士兵作战而无损伤。

②米恩是从彼得堡派来镇压起义的谢苗诺夫团团长,上校;里曼是一个以残酷狠毒而出名的军官。

瑟瑟作响。
谢苗诺夫团[1]
派往布列斯特支线。

这么说,完蛋了?
垮了?
这是经过战斗,
经过夜间的站岗,
经过严酷的寒冷,
六人一起,
持着温切斯特式连珠枪?……
胡同
跑在他们的前面
舔着脚掌。
旁边的花园打着寒战,
沙沙地发出冰冷的银光。

但是,也该打定主意了。
天色入暮。
围攻越发增强[2]。

---

①谢苗诺夫团是俄国近卫军中最早的一个团。彼得一世于1687年组建。1905年12月16日,从彼得堡到达莫斯科,镇压莫斯科的十二月武装起义。该团1918年遣散。

②谢苗诺夫团的士兵占领了一个又一个街垒,缩紧对红色勃列斯尼亚区的包围圈,并对该区进行炮击。

在一声紧一声的炮轰中，
板棚像戒指一样闪光。
在燃烧着的花园的树下，
旋转着
鬼魂附体的炮弹，
掀走仓库的房顶，
像掀掉乌鸦的小巢。

狂奔乱跑！
真能开动脑筋：
先去澡堂！
再想法子。
若是澡堂完好也就罢了。
奔向门口——一片嘈杂。
苍天以野猪的尖叫
追捕变得糊涂的大地。
脚步声，慌乱，锅炉的哭诉。

在霞光之中，
普罗霍罗夫[1]的厨房里，
两位大胡子
正在匆忙地刮脸。

---

①普罗霍罗夫是创建于1873年的“三山纺织厂公司”的厂主。“三山纺织厂公司”是勃列斯尼亚区武装起义的革命中心。

刮胡子也无济于事。
恰如手下的肥皂泡沫，
火焰
集聚并且膨胀。
仿佛由于火花，
消逝的夜晚
燃烧得炽热辉煌。

全都藏入地下室。
无力坚持。
在工厂
黑暗的怨言逐渐增多。
白色的旗帜挂满了杆子。
谁会走向吸血鬼？
知道底细的，只有领头人！
脚步声，野猪的尖声嚎叫，——
大街上的必不可免的死亡。

地狱在后面冒烟。
听不见子弹的声音。
只有飞舞的暴风雪
划破寂静。
看不见霞光和子弹
甚至感到恐怖。

但公路还在冒烟，
从夹雪的旋风中——
走出哥萨克骑兵。
站住！
审讯、搜查，
巡逻队急速走向远处。

早晨。
辽阔大地
在奔逃的英雄眼前展现。
勃列斯尼亚区
弥漫着一层一层的烟雾，
就像被大雷雨击溃的桦树林，
用许多娘儿们的头巾
洗濯了
骑兵队形的凸出部，
并把用被单包着的勃朗宁手枪
拱手交给
镇压者。

1925年7月—1926年2月

第二次诞生

（1930—1931）

波　浪

一切都囊括在这里：
我的生活，我的经历，
我的真实的见闻，
我的渴望，我的根基。

我的眼前是大海的波浪。
汹涌澎湃。浩浩荡荡。
不可思议。大声感叹。
海岸烙着它们，像烙华夫饼干。

整个海岸，像牲口一般大声抽气。
波浪浩浩荡荡，被苍穹驱逐。
苍穹把它们成批地赶往牧场。
自己却俯卧在群山的后部。

我的行为和举动——
久经考验者的浪峰，
成批成批地朝我袭来，
一举驱散我的忧悒和哀痛。

它们浩浩荡荡，不计其数，
它们的含义迄今深不可测，

但是，万物换上了它们的服装，
像浪花铺满了大海之歌。

1931年

第二叙事曲

别墅里人们睡熟了。
在彻底背风的花园里,沸腾着褴褛的衣衫。
就像分成三排航行的船队,
沸腾着树木之帆。
白桦和山杨用铁锹作桨,
向落叶季节划着木船。
别墅里人们睡熟了,盖着背部,
睡得像童年时代一样酣甜。

巴松管吼叫,警报呼啸,
别墅里,喧嚣下的人们睡得纹丝不动。
在平缓音调的平缓喧嚣之下,
在劲风的狂吼猛吹之中。
大雨如注,一小时前它开始倾泻。
树木之帆情绪激昂。
大雨倾注。别墅里睡着两个儿子,
睡得像童年时代一样酣甜。

我睡醒了。我被展现的一切
所笼罩。我被人注意。
您的柳树正在沸腾,
我就在您的生活的大地。

大雨倾注。而且如此神圣，
像雪崩一般圣洁清廉……
但我已经睡了一半，
睡得像童年时代一样酣甜。

返回地狱，那儿一切都是阴谋，
姨母们折磨着女人的童年。
孩子们在婚姻上纠缠不休。
大雨倾注。我在梦中看见：
从孩童之中，我被带向科学巨匠，
并且睡在搅和黏土的嗓音下面，
睡得像童年时代一样酣甜。

天亮了。雾气腾腾。
阳台有如浮箱，在雾中飘浮。
几片灌木丛，宛若乘着木筏。
栅栏的木片蒙有水珠。
（我一连五次看见了您。）

睡吧，往事。睡吧，像漫长的生命的夜晚。
熟睡吧，叙事曲，熟睡吧，壮士歌，
睡得像童年时代一样酣甜。

1930 年

诗人之死[1]

难以置信！本以为是胡扯八道。
可是,人们口口相传。
在停滞的时间的行列里,
列进了官吏的住宅、商人的楼房、
宫廷和树木。树上的白嘴鸦
在强烈的阳光下晕头转向,
情绪激昂地对着它们的妻子
一个劲儿地大叫大嚷,
就连生性邪恶的傻瓜
从今后也不会再陷泥潭。
一张张脸膛上泪痕交错,
恰似一张张被撕破的渔网。

这一天是平安的一天,比你以前
度过的许多日子更为平安。
人们在大厅里聚集,列队,
仿佛是射击把他们排成一行一行。

你沉睡了,把床铺在诽谤上,
沉睡了,不再颤动,安详静寂,——
二十二岁挺拔俊美的男子,

①1930年4月14日,马雅可夫斯基开枪自杀,该诗是为此而作的。

正如你的《四部曲》所作的预示[1]。

你沉睡了，脸贴着枕头，
沉睡了，——竭尽全力，不顾死活
一遍又一遍地、全速地
闯进一种年轻的传说。
你更显眼地闯入其中，
一个跳跃就获得成功。
你的射击就像埃特纳火山
在胆小的山麓小丘中间轰然喷放。

1930 年

①"二十二岁挺拔俊美的男子"，是马雅可夫斯基长诗《穿男装的云》中的抒情主人公形象。诗中曾写道："我声如炸雷。震撼世界，/我来了——挺拔而俊美，/二十二岁。"《四部曲》是《穿男装的云》的副标题。

*　*　*[1]

莫激动,莫哭泣,
莫耗费气力,莫折磨心灵。
你生气勃勃,在我胸口,在我心内,
像支柱,像机遇,像友人。

我敢于使用美丽动人的词句
向你显示对未来的信念。
我们要剔除的不是心灵的联系,
不是生活,而是相互的欺骗。

走出窝囊废的伤寒的苦闷,
进入广阔天地的绝美的空气!
对于我,它是兄弟,它是手足,
它如同信件,向你投递。

把它撕开一些,像拆开信件,
携带着地平线跨进书信。
鼓起精神,战胜疲惫,
用阿尔卑斯山的语言开始谈心。

在如碟的巴伐利亚湖面的上方,

①诗人的妻子叶甫盖尼娅于1931年4月动身去德国治病,该诗是为此而作的。

请使用恰如彪形大汉骨髓的群山的脑力，
来确信，我并不好说漂亮话，
没有携带备用的甜言蜜语。

一路平安。一路平安。我们的联系、
我们的荣誉不在屋顶之下。
你以另样的眼光看待一切。
像一株在阳光中挺起的幼芽。

1931年

*　*　*

去爱别人沉重的十字架，
这样，你就会美丽正直，
你诱人之处的秘密
与生命之谜势均力敌。

春天里听得见梦的絮语，
新生和真理的飒飒声音。
你来自这种原理的家族。
你的思想有如空气，无私廉正。

保持头脑清醒，洞彻事理，
从心灵中抖掉语言的垃圾，
学会生活，不要玷污自己，
这一切——岂是难办之事。

*　　*　　*

“爱人”一词，甜得腻人，
像煤块，必然造就炉渣。
而你却是一部词典，
以潜在的秘密吸吮荣华。

而荣华——是土壤的牵引。
哦，哪怕我更为坦率地产生！
可即使这样，——我也不像流浪汉，
以亲人的身份成为亲人的话柄。

现在，不是诗人的同龄人，
而是乡间土道、垄沟和田界
让夏天与莱蒙托夫押上了韵，
而与普希金谐韵的却是大雁和白雪。

我多么希望，死亡之后，
无论我们怎样与世隔绝，
我们两人比心脏与心房的韵律
押得更加准确，更为和谐。

好让我们以和谐的组合
为别人铺上优美的传说，

我们自己在感受,自己在吸吮,
还将借用青草之唇体验快乐。

1931 年

*　　*　　*

屋里不会再来人了，
唯有昏暗。一个冬日
消融进半开半掩的
窗帘的缝隙。

只有潮湿的白色鹅毛雪
疾速闪现，飞舞。
只有屋顶、白雪，除了
白雪和屋顶，——一片空无。

又是寒霜画满图样，
又是逝去年华的忧郁
和另一个冬天的情景
在我的心底搅来搅去，

又是那无可宽恕的罪过
至今仍刺痛我的心灵。
木柴的奇特匮乏
折磨着十字形的窗棂。

可是，厚重的门帘
会突然掠过一阵战栗。

你会用脚步丈量寂静，
如向前程，走进屋里。

你会在门口出现，
身穿素雅的白衣，
仿佛为你织就衣料的
就是那漫天的飞絮。

1931 年

*　　*　　*

哦，岂会料到这种事情：
当我初次登台，
带血的诗句——被人扼杀，
涌上嗓子，又被杀害！

含有如此内情的玩笑，
我真该断然拒绝。
起点这么遥远，
初步的兴趣这么胆怯。

但耄耋之年——这是罗马，
为了代替废话与空妄，
他向演员要求的并非台词，
而是完全的毁灭。

当情感对诗句发号施令，
它就让奴仆登上台去，
于是艺术就此终结，
只有观点和机缘苟延喘息。

*　　*　　*

一片责难还未沉寂，
责怪声中泪如泉涌，
朝霞跨进你的门槛，
突然袭来新的悲痛。

伟大的音乐家溘然长逝[①]，
你的偶像，你的同行，
重大的不幸已经袒露：
舒适和威望日落西山。

我们伫立，喝醉了眼泪，
加重了紫菀的颜色闪变，
头部高傲的浮雕
把雪花石膏的洁白呈现。

马车上的刚毅的脸庞
牵动着花瓣、脚步声、
乙醚的浓烈气味，
以及千家万户的心。

你的昏厥没有把世界带进

①指苏联钢琴家、莫斯科音乐学院教授布卢门菲尔德(1863—1931)逝世。

双轮马车上的花圈的晃动，
冻伤的眼泪的一层雾气
以氯化铵的针状结晶把人扎痛。

送葬曲的低沉不清的声响，
门口的积雪被胡撒乱扔。
音乐厅的正门入口
慢慢移动着追悼会的人群。

踏着铺有地毯的道路，
我把你默默地领到
棕榈和莫斯科明星之间，
巨大的胸针在眼前闪耀。

风琴带有银色色调，
一声不吭，像落入珠宝商手中，
而远处响着隆隆的雷声，
从半个世界朝外部滚动。

枝形吊灯架的寂静安息了，
在它们咽了气的反照里，
不是风琴在演奏，
而是被风琴点缀的墙壁。

圣歌翻转方木,如同翻转大象,
摆脱了圆木,
从被禁锢的砌体,
如同参孙[①],脱身而出。

活该在里面遭受折磨,
但仍旧从监禁中释放,
他用我与你订婚的歌曲
把禁锢的砌体凿穿。

* * *

刚刚收集好花圈,
城门的篱栅就已变黑。
短暂、严寒的一天
弹响了夜的伴奏曲。

有人利用黑暗,
驱车追赶我们。
笔直笔直的道路
朝着火葬场延伸。

从城门吹来风雪,
就像在华沙的边界,

①参孙:圣经中古犹太神话中的英雄,据说具有非凡的力量。

邻近强国毛茸茸的雪花
在眉头上安营扎寨。

冻得发抖的莫斯科人
走在田野,暴风雪妖怪
已经拿出钥匙,
把最后的避难所关闭起来。

* * *

但他被人热爱。什么
也不会失却。包括家庭
和才赋。从他身上
留下了作品的扑腾。

在家里摆好了乐谱架。
你刚刚触到琴的键盘,
你的尝试就使你震惊。
于是你大显身手,展翅飞翔。

一月和月亮必将露面,
窗户的两旁将要装饰
银色树枝的银色饰带,
时光会不知不觉地消逝。

否则,在瞬间大为惊异,
你猛然发现自己坐在音乐厅里,
我们日常生活中的永恒
比我们本人更为朴实。

1931 年

在早班火车上

（1941—1944）

松　　树

我们枕着手躺在草地，
昂首仰望万里长空，
沐浴在野生的凤仙花、
雏菊和森林的百合之中。

松林间伸出一条幽径，
草儿茂密，难以通行。
我俩交换一个眼色，
又把姿势和地点变更。

我们顿时变得不朽，
化入了松树的行列，
于是从疾病、瘟疫、
死亡中解脱了出来。

有如润滑油，浓艳的蔚蓝
带着故意的单调，
亮晶晶地落向大地，
在我们的衣袖上留下记号。

我们分享着松林的小憩，
谛听着甲虫乱爬的声息，

呼吸着柠檬和神香混合的，
松树林中催眠的香气。

火红火红的树干
与蔚蓝形成强烈的对照，
我们长久、长久地
把手臂枕在头下睡觉，

周围的事物何等温柔，
眼前的一切广袤无垠，
使我时刻产生幻觉：
树后就有大海的一片奇景。

那儿的海浪高过松枝，
从圆滑巨石上俯冲而下，
海浪搅动了深深的海底，
阵雨般地抛出许多小虾。

黄昏时分，朵朵晚霞
铺洒在拖船后的软木之上，
像是鱼肝油闪烁不定，
又像是琥珀朦胧地泛光。

夜幕落下了，月亮

把万物的痕迹渐渐地埋葬，
葬在泡沫的神术之中，
葬在海水的妖法之上。

可海浪掀得更响更高，
浮动的音乐厅里何等热闹，
观众聚集在柱子旁边，
看着从远处无法辨认的海报。

1941 年

初　寒

打开大门，一股冷气
从庭院滚进厨房，
瞬间，一切变得古老，
就像童年的那些夜晚。

干燥、宁静的气候。
大街上，五步开外的地方，
羞羞答答地站着冬天，
犹豫不决，想跨入门槛。

冬天——一切又复开始。
一排排白柳如同盲人，
没拄拐杖，没人牵引，
朝十一月灰色的远方挺进。

河面结冰，河柳冻伤，
相反，像镜子摆上镜台，
一个黑沉沉的苍穹
映进了赤裸裸的冰块。

在他面前的十字路口，
（十字路上烟雾迷茫，）

站着头戴星辰的白桦，
朝他镜子凝目细望。

白桦暗暗地猜想：
远方别墅里的冬天，
如同处在莫测的高空，
充满神秘，玄之又玄。

1944 年

霜

萧条的落叶时节。
最后的一群大雁。
不必触景伤情，
风声鹤唳，瞪圆双眼。

让风儿照看花楸，
入梦前又把它吓唬。
创作的秩序并不足信，
如同故事的圆满结局。

你明天从睡梦中醒来，
去看那冬天平静的湖面，
又会站在抽水塔的一隅，
纹丝不动，为之愕然。

又是这些白色的雪花、
圣诞老人、烟囱和楼房，
还有憨头憨脑的一片丛林，
穿着假面舞会上小丑的服装。

毛皮高帽盖到了眉头，
万物奋力蒙上了冰层，

犹如蹑手蹑脚的狼獾，
透过枝隙窥探行人。

你继续行走，疑虑重重，
小径一下子钻进峡谷。
这里，一座身披银霜的拱形楼阁，
有着薄板格栅装饰门户。

在白雪密实的帷幔后面，
有一堵护林小屋的墙壁，
还有道路和林边草坪，
接着，新的丛林又映入眼底。

激动人心的幽静，
精雕细凿的艺术珍品，
恰如优美的四行诗句
赞颂棺中沉睡的美人[①]。

睡美人的白茫茫的王国，
你在我内心激起战栗，
我悄声絮语："你的赏赐
远远多于人们的祈求，谢谢你！"

1941年

①指普希金所作的童话诗《死公主和七个勇士的故事》。

含泪的圆舞曲

我是多么爱她哟，在最初几天，
当她刚刚离开丛林或告别风雪！
树枝儿还带着几分羞涩。
懒洋洋的枞针心神恬适，
慢慢悠悠地在身上荡漾，
像金丝银发披垂悬挂。
像一层被单严密地覆盖着树桩。

使她成为金黄，让她变得幸福，——
目不转睛，但显得羞怯的谦虚者
在浅紫色箔片和蓝色的珐琅中，
让您永世记得清清楚楚。
我是多么爱她哟，在最初几天，
当她身披阴凉，缠绕着蛛网！

只不过玛拉加葡萄酒没有放入
星星和旗帜的服饰以及精美的糖果盒里。
蜡烛并非蜡烛，它们甚至
是化妆品的封蜡，而不是火焰。
这是激动不安的女演员
在纪念演出之日与亲朋相聚。
我是多么爱她哟，在最初几天，

当她与许多亲属站在幕前。

苹果树结苹果,云杉长球果。
但不是这种云杉。她宁静安谧。
她完全不是这种气质。

这是受到庆祝的中选者。
她的夜晚永恒地延伸。
这种名声丝毫也不害怕。
空前的遭遇正在为她准备:
在苹果的金黄中,如先知飞往苍天,
热情的女宾客冲向极限。

我是多么爱她哟,在最初几天,
当人们一个劲儿谈论云杉!

1941 年

在早班火车上

今冬我住在莫斯科近郊,
无论天寒地冻,还是下雪刮风,
只要有事必须办理,
通常总是乘车进城。

当我出门的时候,
街上伸手不见五指,
像树林投下幽暗,
我撒落脚步的嘎吱。

在交叉路口,我的眼前
出现了荒郊的白柳。
在一月里的寒冷的天穹,
宁静地悬挂着几颗星斗。

通常走到后院的时候,
会有人想竭力追上我,
那是邮递员或其他人物,
而我却赶乘六点二十五的火车。

突然,一束束狡黠的光波
如同聚成一团的触角。

探照灯拖着庞然大物
冲向震得发聋的天桥。

在车厢的闷热之中,
我全身心沉浸于柔情,
这是天生的脆弱,
在吃奶的幼年就已养成。

透过昔日的变迁,
透过饥寒和连年的战争,
我默默地认识了
俄罗斯独一无二的特征。

强忍住自己的爱慕,
我观望,我祝福。
这儿有村民、有钳工、
有学生、有农妇。

艰辛没能在他们身上
烙下屈服的印痕,
他们像主人一般,
对新闻和坏事发表议论。

他们三五成群,像乘坐马车,

东倒西歪，姿态各异。
青少年旅客像上紧了发条，
全神贯注地阅读书籍。

天色从幽暗化为银灰，
莫斯科前来迎接我们。
从地铁中走了出来，
告别了灯光和黎明。

孩子们拥向栏杆，
一路上纷纷喷溅
稠李香皂的清新、
蜜糖饼子的香甜。

1941 年

又是春光明媚

火车走了。路基一片漆黑。
黑暗中我怎么寻找道路?
我只不过离开了几个昼夜,
方向却已经辨不清楚。
钢铁的铿锵在帽中沉寂。
突然,出现了什么样的奇思妙想?
杂乱无章,长舌妇的闲话。
到底搞的是什么名堂?

我在什么地方再次听到
去年就曾听过的河流断断续续的絮语?
啊,大概是一条小溪
昨夜里重新钻出了林地。
这,和往年一样啊,
池塘推动冰块,让水猛涨。
这,真是新的奇迹啊,
如同以前,又是一片春光。

这是春天,这是春天。
这是她的魅力,她的神奇,
这是她柳树后的棉衣、
围巾、肩膀、脊背、身姿。

这是悬崖边上的雪姑娘。
这是半疯的饶舌的妇女
从峡谷的深处溢出
喋喋不休的急促的呓语。

这是在她面前,湍流
淹没一切障碍,沉入狂欢,
吊灯般悬垂的瀑布
钉于峭壁,嗞嗞发响。
这是一道冰冷的细流,
牙齿打着寒战,淌进池塘,
又从池塘淌进其他的器皿。
春汛的语言——生活的谵妄。

1941 年

可怕的故事[①]

周围的一切都在变更。
都市将会重新修复。
惊醒的孩童的恐惧
永远不会被宽恕。

恐惧无法忘却，
它布满每一张脸膛。
敌人必须为此
做出加倍的偿还。

记住他们的射击。
他们为所欲为。
像伯利恒的希律[②]
可他们罪责难推。

美好的新世纪必将来临。
目睹者也会离开尘世。
小小残废者的苦难
却不能被人忘记。

1941年

①该诗及以下四首选自组诗《战争之诗》。

②希律是《圣经》中残酷的犹太王，曾把伯利恒城里和四境所有两岁以内的男孩都杀了。

孤身无家的人

我们的花园里何等忧郁。
花园一天天变得美丽。
今年却在花园里面
苦尝生活的悲戚。

可是这位居住者
不再喜爱自己的居处。
他打发走妻儿。
敌人已占领边区。

他孑然一身，
成天待在邻居家里，
仿佛要从他们方面
等来胜利的消息。

他经常来到花园
登上民兵观察站，
朝着斯摩棱斯克，
眺望落日的霞光。

在傍晚的美景之中，
战士们的五吨卡车

在公路上鱼贯而行，
经过维亚济马和格扎茨克。

他还不算老迈，
也不遭受青年的责备，
可他那支霰弹枪
比他年轻二十多岁。

1941 年

古老的庄园

病榻上的小伙子，
暴风雨野兽般的怒吼。
一群群喳喳直叫的鸟雀
从树枝上纷纷飞走。

身穿白大褂的医生
为伤员洗昨天缝合的伤口。
病人在病室里突然认出
祖辈的房屋、童年的朋友。

他又来到这古老的庄园。
寒秋的早晨冷丝丝，
刚用浸剂为病人做热敷，
窗户玻璃就蒙上了水汽。

另一个时代的幻影，
这个世纪的声音，
与耐心的护士的监理
在一起和睦共存。

人们在病室里走动。
传来砰砰的关门的响声。

湖泊彼岸的大炮
发出低沉的隆隆的轰鸣。

低垂的太阳正在落山。
它这就一头扎进河湾，
再从那里用长形的金条
拦腰刺穿幽蓝的远方。

两分钟后又从那里
流溢出碧波阵阵，
射进户外的水洼，
仿佛在放映幻灯。

残暴的阵痛更加猛烈，
凶狠的大风越发疯狂，
一群群白嘴鸦空中展翅，
像黑色的梅花漫天飞翔。

旋风奋力摇晃着椴树，
暴雨压弯了它们的身躯，
在一声声树枝的呻吟之中，
病人忘记了受伤的双足。

公园像传说一般衰老了。

这儿站过拿破仑，
斯拉夫派分子萨马林[①]
在此活动，在此葬身。

在这儿，十二月党人的后裔，
俄罗斯英雄的儿女，
用蒙特克里斯托枪射击乌鸦，
并且刻苦攻读拉丁语。

只要是力所能及，
他，就像父辈，会满腔热忱，
对斯拉夫派的祖先
重新考察，并出版他们的作品。

他自己也将创作
被战争激励的剧本，——
在丛林不住声的絮语下，
躺着陷入深思的病人。

在那儿，他把虚幻生活的
不可思议的进程，

①斯拉夫派是俄国19世纪30至70年代哲学和社会思想的派别。萨马林是有名的斯拉夫派分子。该诗中的古老的庄园即萨马林庄园，在卫国战争期间，成为部队医院，后改建成彼列杰尔金诺作家别墅区和彼列杰尔金诺儿童肺结核疗养所。

用乡下人的语言，

构造得清晰明朗、和谐严整。

1941年

冬天渐渐临近

冬天渐渐临近。
某个穷乡僻壤又重新
根据苍天任性的要求
消失在无法行走的泥泞中。

房舍陷于湖泊。
上面炊烟袅袅。
热爱生活的人们朝炉火聚集,
竭力挣脱泥泞冰冷的拥抱。

严峻的北方的居所,
被黑夜笼罩,如盖了房顶。
朝你们偏僻的山沟
写上“胜利属于我们”。

我爱你,遥远的安逸生活,
不管是外省还是乡村。
书籍越是被人翻得发黑,
它的魅力越是令人倾心。

推动沉重的车队,
摊开田地的字母,

俄罗斯像一本神奇的书，
正在开怀畅述。

突然，最近的第一场暴风雪，
重新描绘她的美景。
雪橇的痕迹像飞舞的草体字。
她晶莹洁白，像纯净的绣品。

十月里的坚果清脆响亮，
薄冰发出锡色的闪光。
柴可夫斯基、契诃夫、
列维坦的秋天的黄昏景象。

1943年10月

春

这个春天分外独特，
活泼的喧嚷胜过麻雀。
我甚至不打算表述
心中多么安详，多么愉悦。

有了新的思绪，新的创作欲望，
在洪亮的八度音的合唱里，
听得见解放了的领土
发出强大无比的旋律。

祖国的春天的呼吸
从空间冲洗了严冬的痕迹，
并在斯拉夫民族的哭过的眼中，
洗净被泪水浸黑的眼皮。

到处，草儿准备匍匐而行。
古老的布拉格的大街
沉默着，一条比一条更弯曲，
但如同峡谷，闪现光彩。

关于摩拉维亚、塞尔维亚、

和捷克的传说[1],满怀春天的欢快,
摆脱了无权的雾幕,
如朵朵鲜花从雪中绽开。

万物蒙上一层神话般的迷雾,
恰如涡形装饰点缀着白墙,
在大贵族镀金的房间,
在瓦西里升天大教堂[2]。

对于幻想家和夜猫子,
莫斯科在世界上最为清秀好看。
他待在家里,待在万物之源,
世纪依赖它蓬勃发展。

1944年

①这些国家和地区在1944—1945年相继被苏军解放和帮助收复。

②莫斯科红场上的俄罗斯古建筑,现为历史博物馆分馆,由周围八个圆塔式教堂和一个大塔楼组成,建在同一地基上,通过走廊连成一片。

小说中的诗

（1946—1953）

哈姆雷特

嘈杂声平息。我走上舞台。
我斜身倚靠一个门框,
从遥远的余音中捕捉
我将来生活的反响。

台下有成千副望远镜
把夜色一齐朝我对准。
但愿能免去我这份苦难,
亚伯天父啊,若有可能。

我珍视你既定的构思,
扮演这一角色,我很乐意。
可现在演的是另外一出,
请求你饶我这么一次。

然而戏的场次已经安排,
最后的结局不可改变。
我独自尝尽假仁假义
消度人生——不似漫步田园。

1946年

编者注:本部分原共17首,这里仅保留1首,另16首收于《日瓦戈医生》。

雨　霁

（1956—1959）

*　　*　　*

我要在一切方面
穷源溯流，
在工作中，在探索中，
在心烦意乱的时候。

探究流逝岁月的真谛，
追寻它们的原委，
寻根究底，推本溯源，
直至探到精髓。

时时刻刻地捕捉
命运和事件的线索，
生活、思考、感受、恋爱、
实现自己的开拓。

哦，哪怕我只能
探索到一鳞半爪，
我也要写出八行诗句，
描述激情的迸发。

写不法行为，写罪过，
写缉拿，写逃窜，

写仓皇中的意外，
写胳膊肘和手掌。

我会推导出它的规律、
它的起初，
并且重复写出
她姓名的开头字母。

我会开辟诗坛，像开辟花园。
园中的椴树鲜花盛开，
注入了血管的每一次颤动，
如飞行的大雁，一排接着一排。

我要往诗中注入玫瑰的呼吸，
薄荷的清新凉爽，
牧场、青苔、干草的气息，
还有大雷雨的声声轰响。

肖邦就曾经这样
把田庄、花园、丛林、墓地
作为活生生的奇迹
谱进自己的练习曲里。

获得了胜利的

折磨与表演——
是拉紧的弓上的
拉紧的弦。

1956 年

* * *

有点名气没什么光彩。
何必以名气抬高身价。
无须编排档案资料,
疼爱手稿,放心不下。

创作的目的——是自我献身,
不为炫耀,不为功利。
若是成了众人之口的话柄,
实在可耻,分文不值。

生活,不应自吹自擂,
生活,应当这样:
最终吸引空间的爱,
听到未来的呼唤。

空白该留在命运之中,
可不要留在纸张之间,
整个生命的位置和篇章
应当印在手稿的页边。

潜入默默无闻之中,
在里面藏起自己的脚步,

有如风景点遁入迷雾
谁也看不清它的面目。

别人根据活生生的脚印
一步一步踏着你的历程，
但你自己没有必要
把成功和失败断然分清。

应该丝毫也不背离
自己的本来的面貌，
应当真实，唯有真实，
彻底的真实才是需要。

1956年

夏　娃

树木耸立在池塘旁边，
正午从陡峭的岸上
向池塘投下片片彩云，
如同渔夫撒下渔网。

苍穹像一张大网，浸入水里，
在天空，如同在网中，
游动着一群浴者——
有男有女，也有儿童。

五六名游泳的人们
在柳丛中悄然登岸，
把自己的游泳服
在沙地上拧干。

恰似一群黄颔蛇
转来转去，蜿蜒爬行，
仿佛是诱人的蛇
藏进了潮湿的针织品。

哦，女人，你的目光和神色
决不会使我丧魂失态。

你整个儿就像堵住的喉咙
被激动憋得喘不过气来。

你像是被粗略地造就,
像出自其他系统的文字,
仿佛严肃认真地在梦中
从我的肋骨中脱胎落地。

立刻滑出了拥抱,
立刻挣出了手臂,
你就是慌乱与恐惧,
你就是男子之心的战栗。

1956 年

没有称号

你经不住说笑，寡言而温顺，
可现在你遍身是火，烧得旺盛。
让我在诗歌深暗的阁楼，
锁住你的美丽的神情。

看吧，火团一般的灯罩
怎样改变了我们的住宅、
墙的边缘、窗的边缘、
我们的身影和我们的体态。

你把双腿蜷到身下，
像土耳其人，坐在长沙发上。
反正都一样，在亮处，在暗地，
你总是孩子般地深思遐想。

你耽于幻想，你在细带上穿起
滑到连衣裙上的数颗珍珠。
你的神态忧郁不堪，
你的言辞实在朴素。

你说得对，恋爱一词显得庸俗。
我必须想出别的称呼。

只要你愿意,我一定为你
更改全世界和所有的词语。

莫非你愁眉锁眼的神态
传达了你情感的矿藏
和秘密闪光的心的岩层?
那么你眼睛又为何忧伤?

1956年

林中的春天

凛冽刺骨的寒冷气流
拖延着冰雪的融消。
今年春天来得更迟，
可也更加出乎意料。

凌晨雄鸡就谈情说爱，
对着母鸡纠缠不休。
松树朝南转过脸庞，
对着太阳紧皱眉头。

尽管晒得热气腾腾，
道路仍旧被冰封住，
连续好几个星期
发黑的冰壳占领着道路。

林中云衫的枯枝烂叶，
全都埋在积雪之中。
雪化后露出的地面上，
水洼与阳光双双交融。

被绒毛般云朵点缀的蓝天
俯视着春天污秽的积水，

滞留在上方的树枝之间，
热得无法挪动双腿。

1956年

寂　静

阳光穿透了树林。
直立着一道道光柱。
人们确信，朝着岔道，
从这里奔出一只驼鹿。

林中一片寂静，毫无声响，
仿佛幽僻谷地的生命，
不是中了太阳的魔法，
而是完全有着别的原因。

的确，在不远的地方，
母驼鹿站在丛林之中。
树木在她面前发着愣儿，
怪不得林中如此寂静。

母驼鹿吃着林中幼苗，
嘎巴嘎巴地啃着小鱼。
橡实轻触母驼鹿的脊背，
在树枝上面晃来晃去。

三色紫罗兰、洋甘菊、
柳兰、大翅蓟、金丝桃，

全被占卜所牵制，
围着灌木看热闹。

整个林中有一 条小溪，
在充满悦耳之声的峡谷，
忽而轻轻吟唱，忽而高声赞颂
眼前这番神奇莫测的景物。

林中峡谷，溪水淙淙，
采伐区内，声声回荡，
溪水是用人类的语言，
对着树林倾吐衷肠。

1957年

椴树林荫路

带有半圆形拱顶的大门。
丘阜、草地、树林、燕麦。
院墙内——是公园的幽暗和寒冷，
还有一幢空前美丽的住宅。

数棵几抱粗的椴树，
相互之间把树冠掩蔽，
在林荫路的朦胧之中，
庆祝自己的两百岁生日。

他们在上方合拢起拱顶。
下方——是花坛和草地，
合乎规则的通道
在花坛里横穿而去。

椴树下方，恰如地道，
看不见一丝亮光，
只有这隧道的出口
像光点扑闪在远方。

正是鲜花盛开的时节，
院墙之内的椴树

随阴影一起撒开
沁人心脾的芬馥。

头戴凉帽的游客,
无论是谁,都深深吮吸,
这种不可思议的馨香,
就连蜜蜂也能感知。

在这个时刻,香气
扣人心弦,组成
书的内容和主题,
而公园和花坛——则是装帧。

在庞大、古老的树上,
被雨水点燃的鲜花,
在上方装饰着房屋,
越烧越旺,像涂了蜂蜡。

1957 年

雨　　霁

宽阔的大湖像一只瓷盘。
湖的彼岸聚集着云团，
这一堆堆白色的云，
原来是严峻的山的冰川。

根据阳光亮度的交替，
树林也在把色调变更。
忽而整个儿燃烧，忽而又罩上
飘落烟尘的黑色阴影。

当淫雨霏霏的日子快要结束，
云雾中呈露出一片湛蓝，
天空在云隙间多么喜悦，
小草儿心田里多么欢畅！

风儿清除了远云，平息下来，
太阳把光彩朝大地抛洒。
绿色的叶儿晶莹滴翠，
就像有色玻璃上的写生画。

窗口宛如一幅教堂壁画，
圣徒、苦行僧和帝王

戴着失眠的闪光之冕，
自内向外朝永恒眺望。

仿佛辽阔的大地
就是教堂的内景，
有时透过窗口，竟能听到
圣歌合唱的袅袅余音。

大自然、世界、深邃的宇宙，
我守护你长久的造福，
满怀心灵深处的颤悠，
幸福的泪珠滚滚而出。

1956 年

秋天的森林

秋天的森林生满毛发。
里面是阴影、梦幻、寂静。
无论松鼠、啄木鸟，还是猫头鹰，
都不能打破森林的梦境。

太阳沿着秋天的小径，
在日暮时分走进森林，
顾虑重重地四下张望，
是否有捕兽器藏在附近？

里面是沼泽、土墩、山杨、
青苔和赤杨树丛，
在林中泥泞的沼泽地后面，
村落上的雄鸡高声吟咏。

公鸡发出大声的吆喝，
这会儿重新沉默不语，
仿佛正在苦思冥想
这种领唱有什么意义。

在远处的某一条僻巷，
一个邻居正喔喔啼叫。

就像执行警戒的哨兵,
公鸡在回答对方的暗号。

它的回答宛如回声。
因此,公鸡一只接着一只,
用路标一般的嗓音,
标出了南北与东西。

在公鸡的相互呼唤中,
树林朝林缘敞开胸怀,
再次拘谨矜持地看到
田野、远方、苍穹的蔚蓝色彩。

1956年

春　寒

寒冷的早晨,太阳披着薄纱,
像竖在烟雾中的一根火柱。
我好似印在蹩脚的照片上,
也像太阳一样模模糊糊。

太阳闪现在池塘后的草地,
暂且还没有走出阴霾,
树木在那遥远的岸边
隐约可见我幽暗的身态。

过路人很晚才会弄清,
沉入雾中后该怎样奔驰。
寒冷披上了鸡皮疙瘩,
空气虚情假意,像一层胭脂。

踏着小径上厚厚的白霜,
像踩着铺垫的一层蒲席。
大地该呈现马铃薯的茎叶,
无法再忍受,不愿再冷寂。

1956年

夜　风

歌声和醉语沉寂下来。
明天一清早就得起床。
农舍里灯火熄了。年轻人
返回家园,不再游荡。

只有夜风漫无目的地徘徊,
沿着那杂草丛生的小路,
他陪伴一群快乐的青年
从娱乐晚会走回家去。

他在门后低下头来。
他不喜爱夜间的混乱。
他真想心平气和地
结束自己与夜的争辩。

他们的面前是公园的围墙。
他俩争吵着,无法停息。
一群树木聚集到路上,
耐心地调解他们的争执。

1957年

金色的秋天

秋天。童话般的宫殿。
视野里,万物坦然无遮。
一条条幽静的林间通道,
欣喜不已地看着湖泊。

好像是在画展上:
一个展厅接一个展厅,
榆树、桦树、山杨,
奇迹般地镀上黄金。

椴树的金色的环——
像新娘的婚冠。
晶莹透彻的婚礼头纱
蒙上了白桦的脸。

茫茫大地隐藏在
沟渠和洼地的树叶之下。
厢房站在槭树丛中
仿佛处于金灿灿的图画。

树木成双结对
站在九月的霞光里,

它们表皮上的落照
留存着琥珀色的痕迹。

无法不为人知地
从那儿踏入沟壑:
每走一步,脚下的树叶
都会发出激烈的沙沙瑟瑟。

在那林荫路尽头,
陡坡身边发出回响,
晚霞的樱桃色液汁,
凝聚成固体的形状。

秋天。古老的角落,
收藏着服装、武器、古书。
严寒正在这里
翻阅着财富的目录。

1956年

淫雨霏霏

淫雨使道路变成了沼泽。
狂风切割着玻璃窗户。
从白柳的头上撕下披巾，
把它们剪得光光秃秃。

一片片树叶啪啪落地。
一群群男女离开了葬礼。
八个圆盘耙的拖拉机，
浑身冒汗，辛勤地耕犁。

恰如正被翻耕的黑色土块，
秋叶一片片飞落池塘，
沿着愤怒的涟漪荡漾的水面，
像一艘艘海船列队远航。

过筛的雨珠四下迸溅。
严寒加强自己的压力，
仿佛一切都蒙受屈辱，
仿佛秋天——只有羞耻。

仿佛羞耻和凌辱
渗进了团团败叶和群群乌鸦，

溶入了秋雨和飓风，
从四面八方朝这里扑打。

1956年

夜

夜在行走,毫不磨蹭,
夜在消融,
沉睡的世界上空
飞行员冲入云中。

他沉入雾海,
消失在云霄,
成了白布上的一个十字。
绣在内衣上的一个记号。

他的下方纷纷闪过
深夜的酒吧间、
陌生的城市、兵营、
司炉、列车、火车站。

飞机朝着浓云
投下机翼的阴影。
苍天的星辰挤成一堆,
迷失方向,游移不定,

以一个奇特无比的倾转,
银河疾速调头,

拐进另外一个
神秘玄妙的宇宙。

在广袤无垠的宇宙空间
各个大陆灯火辉煌。
在地下室里,在锅炉房里,
锅炉工人一片繁忙。

在巴黎,金星或火星
从屋檐下面朝外张望,
看看什么样的新剧目
出现在广告牌上。

在那美好的远方,
有个人夜不成眠 。
在盖着瓦顶的
老式阁楼里面。

他仰望行星,
仿佛这苍穹
与他深夜的忧虑
有着一定的沟通。

不要沉睡,坚持工作,

切莫停止劳动,
不要沉睡,战胜瞌睡,
就像飞行员,就像星空。

艺术家,不要沉睡,
面对睡梦不能屈服,
你是永恒的人质——
你是时间的俘虏。

1956年

路

时而上土堤,时而下深谷,
时而急转弯后直线向前,
道路像一条白色的飘带,
永不间断地朝前蜿蜒。

铺砌的弯弯曲曲的道路。
按照远近配置的规律,
伸过路边茫茫的原野,
不扬尘埃,不溅污泥。

道路这会儿驰过堤坝,
对身边的池塘不屑一顾。
一群可爱的小鸭子
在池塘上欢快地泅渡。

时而在山脚,时而在山腰,
笔直的干线向前飞奔,
宛若正当盛年的生命,
勇往直前,冲锋陷阵。

饱览千万种光怪陆离,
跨过空间,穿过时间,

越过障碍,经过帮助,
道路朝着目的奔驰不倦。

无论在家或是做客,它的目的——
就是历尽千难,排除万险,
恰似大路上的急转弯处
出现远方的一片青天。

1957年

音　　乐

楼房高耸,如同瞭望台。
拐角的狭窄的楼梯上,
两个大力士抬着钢琴,
好似把大钟朝钟楼安装。

他俩抬着钢琴,
攀登茫茫如海的城市,
好像把刻着圣训的碑石
抬上了高大的石基。

乐器抬进了客厅,
喧哗吵嚷的城市
顿时浸入神话中的波涛,
被深深地踩到了脚底。

六楼的一个居民
站在阳台俯瞰大地,
仿佛把它握在手心,
似乎理应由他控制。

返回室内,他开始弹奏,
奏的不是别人的乐曲,

而是自己的情思、众赞曲、
弥撒的声音、树木的絮语。

他即兴乐曲的轰鸣中传来
夜晚、火焰、消防桶的响声、
大雨下的林荫路、车轮的铿锵、
街道的生命、单身汉的悲哽。

有如肖邦在夜间的烛光下，
俯身在黑色的乐谱架上，
写的不是往昔单纯的天真，
而是自己的梦幻。

或像瓦尔基利亚女神的飞行[①]，
沿着屋顶隆隆滚过城市的住宅，
抢在宇宙万物的前面，
超越了人类的四代。

或像柴可夫斯基的乐曲
以帕奥洛和弗兰切斯卡的命运，
在撕裂人心的轰响之中
使音乐学院的大厅激动得满面泪痕。

1956年

---

①指19世纪德国音乐戏剧家瓦格纳(1813—1883)的歌剧《瓦尔基利亚女神》第三幕中的一个著名音乐片段。

休息之后

三个多月之前，
唯有初来的暴风雪
在我们毫无遮挡的花园
横冲直撞，十分猖獗。

我即刻在心里盘算：
我要隐藏起来，像个隐士，
以描写冬天的诗篇
去填满春天的诗集。

可是，琐事堆积如山，
如同碍路的积雪。
严冬也不精打细算，
一半时光已被辞别。

于是我终于明白，
为什么在降雪时分，
冬天用雪花刺穿黑暗，
从花园看房屋看得出神。

它用冷得发白的嘴唇，
在我耳边悄声细语："快跑！"

而我却削起铅笔尖儿，
敷衍塞责，开着玩笑。

一个冬天的清晨，
趁我在灯下磨蹭，
冬天出现并且走开，
留下令人不解的提醒。

1957 年

初　雪

门外暴风雪辗转不安，
把万物涂上洁白的光彩，
卖报姑娘遍身雪花，
售货亭也受人青睐。

根据自己漫长的经历，
我们不止一次地体验：
雪花飘落是隐瞒真情，
为了转移别人的视线。

不知悔改的隐瞒者，
身上有着白色的毛边，
时常不断地从郊外，
把你们领回自己的家园！

一切都隐进了白絮，
雪花蒙住了视线，——
摸索前行，就像酒徒，
一个阴影潜入庭院。

行为动作慌忙仓促：
也许，出于无可奈何，

又得去替某个人物
隐瞒某一种罪恶。

1956 年

雪地上的脚印

田野斜对着晚霞,
姑娘们的脚印朝前延伸。
被她们毡靴压出的脚印
从一个村镇通往另一个村镇。

一个孩子偎依在奶妈的怀中。
太阳的光线,如同柠檬汁,
流入洼地和水坑,
水洼一般地冻进冰里。

它在凝结,像液汁
从破碎的蛋壳里滴出,
滑雪板以蓝色的线条
把它切断在小路。

月亮爬动着,像奶油薄饼,
自始至终向旁边滚落。
雪橇在她身后穷追不舍,
但这块圆形面包未被捕获。

1958 年

暴风雪之后

一场暴风雪平息下来，
四周笼罩着一片静谧。
我在闲暇中侧耳倾听
河流彼岸孩童的声息。

我或许弄错，或许失误，
我恍恍惚惚，心醉神迷，
像石膏塑成的白衣女人，
冬天仰面栽倒在大地。

苍穹高高在上观赏
紧压世纪的死寂的塑像。
庭院、木片、树上的嫩枝——
万物都披着洁白的雪装。

河面的冰块、道口、月台、
钢轨、路基、沟壑、丛林，
展现出无懈可击的形态，
没有棱角，水平如镜。

夜间，没来得及打个盹儿，
神态清醒地一跃而起，

整个世界放入洁白的一页，
安置在诗的境界里。

树墩塑造得多么美丽，
还有那河畔灌木棵棵，
海洋般的房顶登上了画面，
整个世界、整个城市银装素裹。

1957 年

一切应验了

道路变成一摊泥粥。
我勉强溜到了一旁。
搅着冰块和黏土,仿佛在和面,
拖着步子走在稀泥上。

松鸦大叫大喊地飞过,
穿越阒寂无人的桦林。
就像尚未竣工的建筑,
桦树无负重地高耸入云。

我看穿了将来的生活,
透过林中的空隙。
一切的一切,都在里面
完全得到应验和证实。

雪地蒙上了一层薄冰。
我走进丛林,并不仓促。
回声对我作答,像对待小鸟,
整个世界为我让路。

在泡胀了的壤土之间,
光秃的大地裸露出来,

小鸟悄悄地啾啾直叫，
时而留下几秒钟的空白。

树林在暗中窃听，
好似听着小巧的音箱，
声音久久没有沉寂，
在丛林之间洪亮地回荡。

这时我听见，五里开外的地方，
在那丈量标杆的旁边，
脚步沙沙地响起，积雪
啪啪地掉落，从树上，从房檐……

1958年

耕　作

平常的风景点产生了什么变化?
天地之间的界线已经抹除。
就像棋盘的方格,看吧,
犁过的田地向四面分布。

已被耕过的辽阔大地
如此平整地躺在远处,
仿佛已把群山削平,
或是打扫了平原地区。

在这些日子,犁沟边的树木
一口气地用最初的绒毛
呈现一片翠绿,
并且尽情地伸直纤腰。

新生的槭树一尘不染,
白桦穿着淡绿的旗袍,
耕地披上浅灰的衣服,
世界上哪有更为纯净的色调!

1958 年

唯一的日子

在许多严冬季节里
我记得冬至那几天。
每个日子纵然不会重复,
却又数不胜数地再现。

那几个日子渐渐地
联结成整体一片——
那是所剩的唯一的日子啊,
我们觉得时间已停止向前。

我无一例外地记住它们:
严冬快要过掉一半,
湿漉漉的道路、滴水的屋顶,
太阳在冰上愈晒愈暖。

情人们仿佛在梦中,
彼此急切地吸引,
在高高的树梢上
椋鸟晒得汗涔涔。

睡眼惺忪的时针
懒得在表盘上旋动,

一日长于百年，
拥抱无止无终。

1959 年